おてらおやつクラブ物語

井出留美

子どもの貧困のない社会をめざして

旬報社

プロローグ

初夏の昼下がり、奈良の安養寺《あんようじ》に「おてらおやつクラブ」のボランティアが、ひとり、またひとりと集まってきました。この日はわたしもボランティアとして参加するためにお寺を訪《おとず》れていました。

おてらおやつクラブは、お寺に「おそなえ」された食べものを、仏《ほとけ》さまからの「おさがり」として、「おすそわけ」している認定《にんてい》NPO法人[1]です。お寺の「ある」と社会の「ない」をつなげて、「食品ロス」と「子どもの貧困《ひんこん》」というふたつの社会課題を同時に解決《かいけつ》するための活動をおこなっています。おすそわけする相手は、食べものを必要とする人たちとその人々《ひとびと》を支《ささ》える団体《だんたい》です。たとえば、子ども食堂《しょくどう》やフードバンク、児童養護施設《ようごしせつ》、母子支援施設《しえんしせつ》などの支援団体《しえんだんたい》、そしてひとり親家庭などさまざまです。

おてらおやつクラブの事務局《じむきょく》がおかれているのが、代表をつとめる松島靖朗《まつしませいろう》さんのお寺、奈良県磯城郡田原本町《しきぐんたわらもとちょう》の安養寺《あんようじ》です。

田原本《たわらもと》は、そのむかし、都のおかれた平城京《へいじょうきょう》（奈良市）と飛鳥《あすか》（明日香村《あすかむら》）をむすんだ官道《かんどう》[2]「下ツ道《しもつみち》」の中ほどにある、昭和のまま時が止まったような、静かなたたずまいの町です。

安養寺《あんようじ》は江戸《えど》時代に建てられたお寺です。山門をくぐった正面に大きな瓦《かわら》ぶき屋根の本堂《ほんどう》があって、その軒下《のきした》に「常念佛《じょうねんぶつ》」[3]と書かれた赤色の大きな提灯《ちょうちん》がさがっています。

ボランティアを安養寺《あんようじ》の本堂《ほんどう》に迎《むか》え入れると、おてらおやつクラブ事務局《じむきょく》の大橋伸弘《おおはしのぶひろ》さんは、その日の予定をざっと説明し、こう呼《よ》びかけました。

「まず、おたがいに自己紹介《じこしょうかい》をしましょう。そのとき自分の

1 認定《にんてい》NPO法人とは、利益《りえき》を追求することを目的としない組織《そしき》＝NPO法人の中で、より高い公益性《こうえきせい》をもっていると国が認定《にんてい》した法人のこと。

2 官道《かんどう》とは、国のお金を使って整備《せいび》し、管理する道路のこと。「上ツ道《かみつみち》」「中ツ道《なかつみち》」「下ツ道《しもつみち》」という三つの道は、古代の大和盆地《ぼんち》を南北に走っていた道のことです。

3 「常念佛《じょうねんぶつ》」というのは、たえまなく念仏《ねんぶつ》をとなえること。

プロローグ

奈良・田原本町《たわらもとちょう》の安養寺《あんようじ》

好きなアイスクリームを言ってください」

アイスクリームという言葉に、わたしをふくめ、初対面で緊張《きんちょう》ぎみのボランティアの顔がほころびます。

安養寺《あんようじ》から車で30分ほど離《はな》れた町から来た男性《だんせい》は、ボランティアに参加するのが、今回で6、7回目になるベテランです。はじめて参加するという女性《じょせい》は、兵庫県芦屋《あしや》市から電車を乗りつぎ、片道《かたみち》一時間半かけてやって来たそうです。

ボランティアに来る人は、年齢《ねんれい》も住んでいる場所もさまざま。お寺の近くの人もいれば、京都や大阪、兵庫など、県外から参加する人も多いそうです。

「それでは、まず食べものを運ぶのを手伝ってもらいますね」

大橋さんにうながされ、奥《おく》の倉庫から食品の入った箱を本堂《ほんどう》に運びます。

本堂《ほんどう》に運びこまれた食品は、箱ごとに賞味期限《しょうみきげん》のせまっているものと、まだ余裕《よゆう》のあるものに分けられています。しかし、念のためにもう一度確認《かくにん》します。子どもたちの手もとにおやつが届《とど》いたとき、期限《きげん》が切れていた、なんてことにならないよう、賞味期限《しょうみきげん》のせまったものから順番に使っていくようになっているのです[4]。だれかが心をこめて「おそなえ」した食べものをむ

4　食品業界でも、「先入れ先出し」といって、先につくられたものから先にお店や店頭に出していきます。

だにしないための工夫です。

つぎは段《だん》ボール箱の用意です。

必要な数だけ段《だん》ボール箱を組み立てて並《なら》べます。

発送する箱の数は、時期や日によってちがいます。多いと50箱にもなることがあるそうです。この日はひとり親家庭向けに10箱、支援団体《しえんだんたい》向けに1箱、合計11箱を用意します。


準備《じゅんび》ができたらさっそく段《だん》ボール箱に品物をつめていきます。

まず、お米、飲みもの、レトルト食品や衛生《えいせい》用品などの必需品《ひつじゅひん》を入れ、その上に子どもたちの大好きなスナックなどのお菓子《かし》をつめます。こうすれば、開けたときにまずお菓子《かし》が目に飛びこんできます。

箱を開けたとき、子どもたちが驚《おどろ》いて声をあげるくらい、ぎゅうぎゅうにつめるのがコツです。

おてらおやつクラブの発送会の様子

段《だん》ボール箱にすき間なくつめこむ

ただ、できるだけたくさんのおやつをつめこもうとすると、別のおやつがはみ出してしまいます。でも、どれも子どもたちの好きそうなものだから入れてあげたい。そう思って、ああでもない、こうでもないと試しているうちにぴったりのすき間が見つかるのです。

「なんだか、パズルかテトリスみたいですね」とボランティアのひとりがつぶやくと、みんなが笑顔でうなずきます。

ボランティアの人たちが、ていねいに、ていねいにおやつを箱づめする手が、寝《ね》ている子どもの布団《ふとん》をそっと直してあげる親の手のように見えてきます。箱につめられているのはスーパーやコンビニで買えるありきたりのお菓子《かし》かもしれません。

でも、いまこのとき、ボランティアが箱づめしているのは、たんなるモノではないように思えるのです。もっとたいせつな、なにか。

ボランティアたちは、いまこの場にいない、会ったこともなければ、おそらくこれからも会うことのない、名前すら知らないだれかのことを想いながら、もくもくと作業をつづけています。

いつのまにか段《だん》ボール箱の側面がふくらんではちきれそうです。


「おつかれさまでした。ちょっと休みましょう」

事務局《じむきょく》の大橋さんが声をかけてくれて、みんなでお茶を飲んでひと休み。

「さて、つぎは、おやつを受け取るひとり親家庭のお母さんと子どもにあてて手紙を書きましょう。読む人がほっこりするような言葉をお願いします」

そう言って渡《わた》されたのは、内側に小さなおもちゃの見える窓《まど》のついた、凝《こ》ったつくりのカードです。

「カードを手づくりして、おてらおやつクラブで使ってくださいと持って来て

手作りのカードにメッセージを書く

くれる人がいるんですよ」と大橋さん。

「なんて書こうかな？」

カラフルなマジックペンを手に、一字一字言葉をつむいでいきます。

小さな子どもでも読めるようにと漢字にふりがなをつける人も。

会ったこともなければ、名前すら知らない相手なのに……。

でも、じっさいにボランティ

アをしてみると、顔を知らないとか名前を知らないとか、そんなことはどうでもいい気持ちになってきます。

そんなことより、自分のつめたおやつを見て目を丸くしてよろこぶ子どもがいる、自分の入れた食べものを見て笑顔を浮《う》かべてくれるだれかがいる、ということのほうがたいせつなのです。

名前も顔も知らない相手にメッセージを書くことは、お寺や神社の絵馬や、七夕の短冊《たんざく》に願いごとを書くことに似《に》ているような気がします。

書き終えたカードをおやつの上にのせると、いまにもはちきれそうな箱を2人1組になって、ガムテープで閉《と》じていきます。

「よろこんでくれるといいな」

「お届《とど》け先」も「ご依頼主《いらいぬし》」の住所・氏名・電話番号もわからないように匿名化《とくめいか》された特別な送り状《おくりじょう》をはりつけて、出荷の準備《じゅんび》はおしまい。

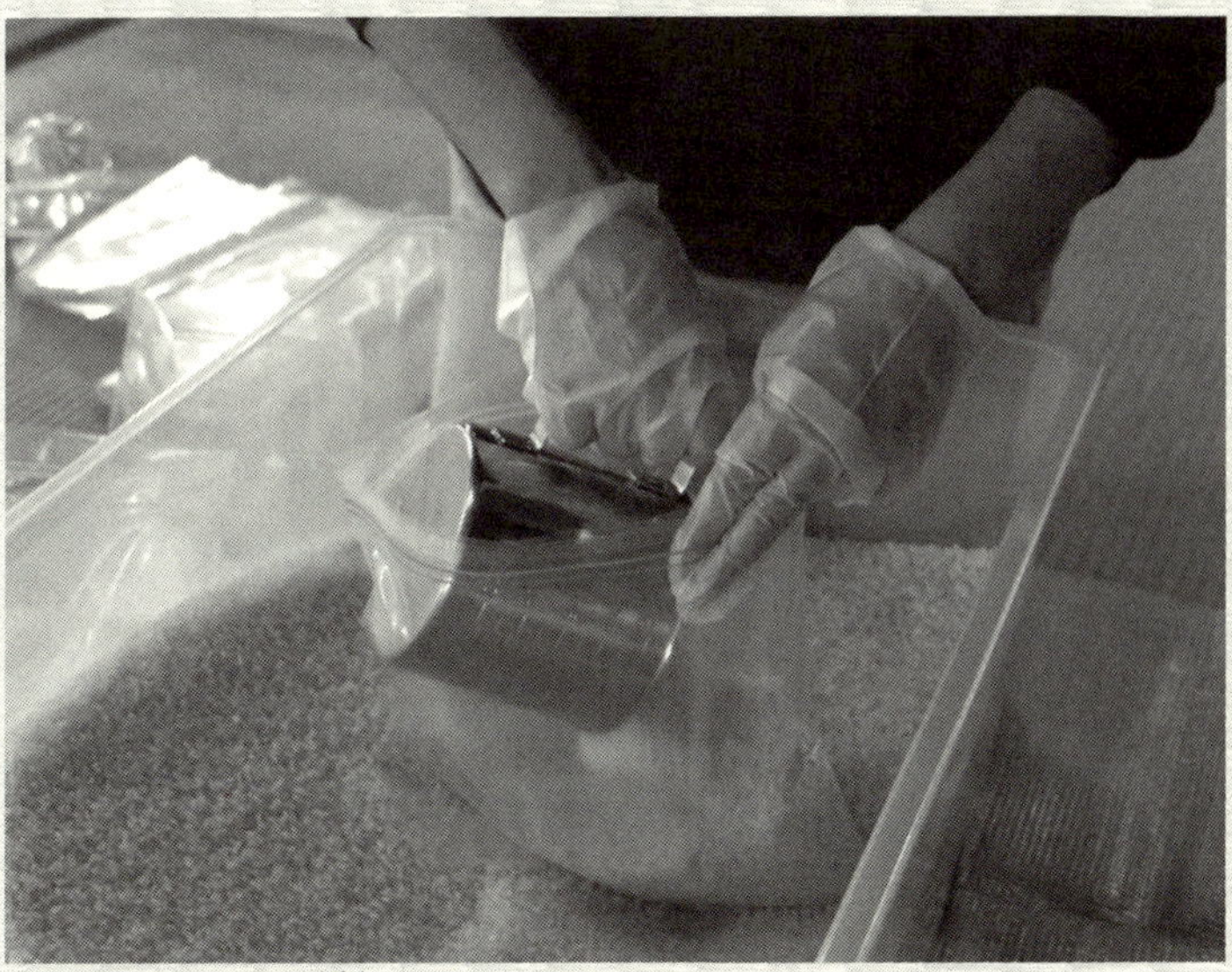

約2キロずつお米を袋《ふくろ》づめする

　つづいてお米を小分けにして、袋《ふくろ》につめる作業にとりかかります。

　ごはんさえあればある程度《ていど》の空腹《くうふく》をしのげます。だからお米はできる限《かぎ》り「おすそわけ」の箱に入れることになっています。よく入れるものだから、あらかじめ小分けにしておけば次回の作業が早いというわけです。

　事務局《じむきょく》には、飲食店やレストランの厨房《ちゅうぼう》におかれているような大きな冷蔵庫《れいぞうこ》があります。ここに保管《ほかん》されている、全国の支《し》援《えん》者から送られてきたお米をとり出します。そして容器《ようき》にあけ、大きな計量カップで2杯《ばい》ずつ袋《ふくろ》に小分けしていきます。計量カップ2杯《ばい》でだいたい2キロです。

作業がすべて終わると振《ふ》り返り会。

「はじめて参加してみていかがでしたか」

「以前、新聞の記事でおてらおやつクラブの取り組みを知ったんです。子どもたちにおやつを送るなんてすてきだなと思ったのが参加のきっかけです。スナック菓子《かし》は食べすぎると体によくない印象《いんしょう》があるけど、子どもたちにとっては心の栄養でもあると、その新聞には書いてありました。ああ、やっぱりそうなんだと思いました。わたしも自分が小さかったころ、おやつにすごく救《すく》われたことがあったので……。

ずっと参加してみたいと思っていたんですが、平日は仕事があるし、土日のボランティアは人気があってすぐ定員いっぱいになっちゃうから、なかなか来られなかったんです」

ようやく念願のおてらおやつクラブに参加できた女性《じょせい》は、とても晴れやかな顔をしていました。

ボランティアを終え、何カ月もたってからわたしはおてらおやつクラブの発送会のことを思い返してみました。

あのとき、ボランティアの人たちが箱につめていたお菓子《かし》がたんなるモノではないような気がしたのはなぜなのか。それが気になっていたのです。

モノではないとしたら、わたしたちはいったいなにを箱につめていたのでしょうか――。

［もくじ］

第2章　お寺の「ある」と社会の「ない」をつなごう！

第3章 もう一度、お寺を身近な存在《そんざい》に

第4章　そして、コロナを乗り越《こ》えて

第1章

なぜお坊《ぼう》さんがおやつを配るの？

「おそなえ」を「おさがり」にして「おすそわけ」

おてらおやつクラブでは、お寺に「おそなえ」された食べものを、仏《ほとけ》さまからの「おさがり」として、子ども食堂《しょくどう》、フードバンク、児童養護施設《じどうようごしせつ》、母子支援施設《ぼししえんしせつ》などの支援団体《しえんだんたい》やひとり親家庭に「おすそわけ」しています。

おてらおやつクラブからおすそわけされるのは、お米や缶詰《かんづめ》、乾《かん》めん、レトルト食品、飲料などの食品、文房具《ぶんぼうぐ》、シャンプー、化粧品《けしょうひん》などの日用品、マスクや生理用品といった衛生《えいせい》用品などさまざまです。

いつもいろいろなことをがまんしている子どもたちを笑顔にしてくれるポテトチップスのようなおやつもあれば、パートやアルバイトをかけもちしながら、家事や育児に追われるシングルマザーのお母さんをそっとはげましてくれる化粧品《けしょうひん》もあります。

おてらおやつクラブは、安養寺住職《あんようじじゅうしょく》の松島靖朗《まつしませいろう》さんと仲間のお坊《ぼう》さんたちによって、２０１４年１月に設立《せつりつ》されました。活動は日本中にじわじわと広がっていき、いまではおてらおやつクラブに参加しているお寺は２０５８、支援団体《しえんだんたい》は８７６、おすそわけを受け取る子どもたちはひと月にのべ３万人ほどになります（２０２４年９月３日現在《げんざい》）。

事務局《じむきょく》・お寺・支援団体《しえんだんたい》・寄付者《きふ》・寄贈者《きぞう》・ボランティア・支援《しえん》される側のひとり親家庭など、参加する人はだれでもみんな仲間です。

「たよってうれしい、たよられてうれしい。」という合言葉は、おてらおやつクラブでは支援《しえん》する側とされる側が対等であることを示《しめ》しています。

でも、なぜお坊《ぼう》さんが「子どもの貧困《ひんこん》」問題に取り組んでいるのでしょうか。お坊《ぼう》さんがしなくても、ほかにそういう活動をしている人たちはいるのではないでしょうか。

「あれっ？　ちょっと待って。子どもの貧困《ひんこん》ってなに？」

「そもそも日本で食べものに困《こま》っている人なんているの？」

そう思った人もいるかもしれません。


じつは日本にも、今日明日の食事に困《こま》っている多くの人がいるのです。

日本で広がる「食」の支援《しえん》

2022年2月にはじまったロシアによるウクライナ軍事侵攻《しんこう》は、世界的な食料危機《きき》と原油高を引き起こし、世界中でものの値段《ねだん》が高騰《こうとう》しました。

もともと食料自給率《りつ》が38％と低く、多くの食べものを海外からの輸入《ゆにゅう》に頼《たよ》る日本では、記録的な円安も重なり、スーパーに並《なら》ぶ食品の価格《かかく》が軒《のき》なみ値上《ねあ》がりしつづけています。

ある調査《ちょうさ》によると、2022年だけでも約2万5千品目もの食品が値上《ねあ》げされました。さらに２０２３年には、値上《ねあ》げされた食品が３万２千品目以上と、過去《かこ》30年間でもっとも高い水準《すいじゅん》となりました[i]。長くつづく食料品価格《かかく》の高騰《こうとう》は、もともとぎりぎりの生活をしている人々《ひとびと》にとって深刻《しんこく》な打撃《だげき》となりました。

そして、２０２４年の５月には平均値上《へいきんねあ》げ率《りつ》が31％と、２０２２年以降《いこう》でもっとも高い数値《すうち》を記録しています。

毎週土曜日、新宿の東京都庁《とちょう》前で生活に困《こま》った人に無料の食べものを配っているのが、認定《にんてい》ＮＰＯ法人「自立生活サポートセンター・もやい」です。

わたしが２０２２年６月に訪《おとず》れたときには、配布《はいふ》のはじまる１時間以上前から、年齢《ねんれい》も性別《せいべつ》もさまざまな人たちが５００人以上列をつくっていました。新聞の報《ほう》道《どう》によれば２０２３年の年末には食料を求めて７００人以上の長い列ができたそうです。２０２４年になっても、毎週７００人～８００の人が並《なら》んでいます。

10年ほど前までは、炊《た》き出しや食料の無料配布《はいふ》に集まるのは高齢男性《こうれいだんせい》がほとんどでした。ところが最近は、若《わか》い男性《だんせい》や女性《じょせい》もいれば、高齢女性《こうれいじょせい》やスーツを着たビジネスマン風の人も行列に並《なら》んでいるのです。

並《なら》んでいた初老の男性《だんせい》に声をかけてみたところ、その方は6年前にはボランティアとしてお弁当《べんとう》を配る側にいたのだそうです。ところが、コロナ禍《か》で食料支援《しえん》を受ける側となり、ここに並《なら》ぶのは今回で13回目になるとのことでした。「値段《ねだん》が高くなってしまってスーパーでは買えないから、野菜や果物がもらえるのがありがたい」と話していました。

ここ（新宿）で食料を受け取ったら、重い荷物を背負《せお》ったまま30分以上歩き、つぎは池袋《いけぶくろ》の食料配布《はいふ》に向かうのだそうです。新宿から池袋《いけぶくろ》までのわずかな電車賃《ちん》をおしんで……。

自立生活サポートセンター・もやい理事長の大西連さんは、生活困窮者《こんきゅうしゃ》支援《しえん》の活動は「ゴールのないマラソンみたいな感じ」だと語っています。「支援《しえん》を求める人数は減《へ》らず、このままつづくのか、それとも落ち着くのか、先が見えないのが運営側《うんえい》にはいちばんきついです」。

ボランティアの男性《だんせい》（20代）が、もやいの活動を通して、「幸せとか、生きるとか、そういうことを考えるようになった」と話していたのがとても印象的《いんしょう》でした。

もやいのほかにも、生活困窮者《こんきゅう》の支援《しえん》をおこなっている団体《だんたい》はさまざまあります。

そうした支援《しえん》の取り組みについて、もう少し見てみましょう。

・子ども食堂《しょくどう》

「子ども食堂《しょくどう》」とは、子どもがひとりでも行くことができ、無料または数百円程《てい》度《ど》で食事のできる食堂《しょくどう》のことです。

現在《げんざい》、日本中に9000カ所以上あり（2024年2月時点）ii）、これは全国の公立中学校の数とほぼ同じです。

子ども食堂《しょくどう》は、地域《ちいき》やPTAの人たちによってボランティアで運営《うんえい》されているところもあれば、料理店のオーナー、商店街の店主、保育士《ほいくし》、お寺のお坊《ぼう》さんなどによって運営《うんえい》されているところもあります。

・フードバンク

「フードバンク」とは、まだ食べられるにもかかわらず、賞味期限《しょうみきげん》が近い、段《だん》ボール箱の破損《はそん》、包装《ほうそう》の印刷ミス、輸送途中《ゆそうとちゅう》に缶《かん》がへこんでしまうなど、さまざまな理由から販売《はんばい》できなくなってしまった食品を引き取って、経済《けいざい》的に困《こま》っている人や児童養護施設《ようごしせつ》などの福祉施設《ふくししせつ》に提供《ていきょう》している団体《だんたい》のことです。

日本では2000年ごろに活動がはじまり、いまでは北は北海道から南は沖縄まで250以上のフードバンクが活動しています。そのほとんどは非営利組織《ひえいりそしき》（NPO）によって運営《うんえい》されています。

・フードドライブ

「フードドライブ」とは、家庭であまっている食品や個人《こじん》で買った食品を持ちよって、必要としている団体《だんたい》や個人《こじん》に寄付《きふ》する活動のことです。

フードバンクとはちがい、事務所《じむしょ》や食品倉庫、冷蔵庫《れいぞうこ》、冷凍庫《れいとうこ》、輸送《ゆそう》に使う車などを新たに準備《じゅんび》する必要はなく、人のたくさん集まる場所に容器《ようき》を設置《せっち》しておくだけなので人手もかかりません。

たとえば、フィットネスクラブや公民館、市区町村など自治体の役所などに、箱やドラム缶《かん》のような大きな入れ物をおいて、そこに食品を入れてもらうのです。

最近ではスーパーやコンビニなどでも見かけるようになってきました。

また、学校の文化祭や地域《ちいき》で開催《かいさい》されるシンポジウム、環境《かんきょう》イベントなどの行事に合わせ、期間限定《げんてい》でフードドライブがおこなわれることもあります。

・公共冷蔵庫《れいぞうこ》（コミュニティフリッジ）

「公共冷蔵庫《れいぞうこ》（コミュニティフリッジ）」とは、企業《きぎょう》や個人《こじん》から寄付《きふ》された野菜や果物などの生鮮《せいせん》食品、パンやレトルト食品、ハムやソーセージなどを冷蔵《れいぞう》庫に入れておき、必要とする人が無料で受け取れるというものです。

スペインや英国などヨーロッパではじまり、日本にも少しずつおかれるようになってきました。管理者によっては、提供《ていきょう》してほしい食品、受け取れる人の条件《じょうけん》などルールをもうけている場合もあるようです。

・生活保護制度《せいかつほごせいど》

日本には生活に困《こま》っている人に必要なお金を支給《しきゅう》する「生活保護制度《せいかつほごせいど》」があります。

生活保護《せいかつほご》を受けるには条件《じょうけん》があり、個人《こじん》単位でなく世帯単位で受けること、世帯の全員が現在《げんざい》持っている資産《しさん》や働く能力《のうりょく》などを考慮《こうりょ》してもなお最低限《げん》の生活ができないことなどがあげられます（資産《しさん》とは預金《よきん》や貯金《ちょきん》、土地、家などのことです）。

世帯収入《しゅうにゅう》が最低生活費《ひ》に満たない場合、その差額《さがく》が支給《しきゅう》されます。

・社会福祉《ふくし》協議会による支援《しえん》

「社会福祉《ふくし》協議会」とは、安心して暮《く》らせる「福祉《ふくし》のまちづくり」の実現《じつげん》をするために活動している民間の非営利《ひえいり》組織《そしき》で、全国に１８００以上あります。福祉《ふくし》に関する相談を受けてサポートしたり、地域《ちいき》活動やボランティアの推進《すいしん》・支援《しえん》をおこなったりしています。また、経済《けいざい》的に困《こま》っている人に対して無利子または低利子でお金を貸《か》す支援《しえん》事業もおこなっています。

見えない「子どもの貧《ひん》困《こん》」

厚生《こうせい》労働省によると、17歳《さい》以下の日本の子どもの9人に1人は、お金に余裕《よゆう》のない「貧困状態《ひんこんじょうたい》」にあります（11・5％、２０２１年）。９人に１人ということは、学校のクラスが40人なら、１クラスに４人は貧困状態《ひんこんじょうたい》の子がいる計算になります。

「えっ、うちのクラスにはそんな子いないけど……」

そんな声も聞こえてきそうです。それはそうでしょう。その子たちの見た目は、ふつうの子と変わらないのですから。

さっぱりした服を着ているし、身だしなみだってきちんとしています。

貧困《ひんこん》家庭の子たちの中には、「お金がないことは恥《は》ずかしいこと」と考えて、たとえどんなに自分の家が貧《まず》しくても、そうは見えないように精《せい》いっぱい気を使う子もいます。だれだってほかの子から「かわいそう」なんて同情《どうじょう》してもらいたくないのです。みんなと同じようにあつかってほしいのです。

けれど、衣食住だけでぎりぎりという家庭では、ほかの子のように学習塾《じゅく》やスイミングスクール・ピアノ教室に行きたいと思っても行かせてもらえません。ユニフォームやラケット、シューズなどにお金のかかる部活動もあきらめなくてはいけないかもしれません。なぜなら、どれもお金がかかるからです。

その子たちは、本来なら支援《しえん》が必要な場合でも、他人の目を気にしてなかなか「助けて」とは言い出せません。支援《しえん》が受けられることや、相談できることすら知らない子もいるかもしれません。

その子たちが自分から家庭の事情《じじょう》を打ち明けることはないので、まわりもそのことに気づいてあげることができません。見た目では、その子が貧《まず》しいのかそうでないのかわからないからです。


「助けて」と言ったとたんに「この人は弱い人だ」「この人はダメな人だ」と決めつけられてしまうのではないか、そんな負の烙印《らくいん》である「スティグマ」を押《お》されてしまうことを恐《おそ》れるあまり、親しい人にすら自分の困《こま》りごとを打ち明けられない人もいます。

スティグマとは、もともと古代ギリシャで身分の低い人を区別するために体につけた焼印のことで、いわば消せない「しるし」です。

〈「助けて」って言うことくらいなんでもない、簡単《かんたん》じゃないか〉と思うかもしれません。でも、じっさいに困《こま》りごとを抱《かか》えている人からすれば、自分のひたいに不名誉《めいよ》な消せないしるしが押《お》されてしまうくらいに覚悟《かくご》のいることなのです。

子どもの貧困《ひんこん》が「見えない貧困《ひんこん》」と呼《よ》ばれるのはそのためです。

相対的貧困《ひんこん》と絶対《ぜったい》的貧困《ひんこん》のちがい

〈でも、それはわたしが新聞やテレビのニュースで見聞きする貧困《ひんこん》とはちがう〉と思う人もいるかもしれません。

それでは見方を変えて、「見える貧困《ひんこん》」というものを考えてみましょう。

わたしたちが貧困《ひんこん》問題と聞いて思い浮《う》かべるのはどんな光景でしょう？　干《ひ》からびた大地、枯《か》れて茶色になったトウモロコシ畑、バッタの大発生ですっかり食べつくされた畑の作物、牧草が枯《か》れ、河《かわ》が干上《ひあ》がり、あちらこちらに倒《たお》れたあばら骨《ぼね》の浮《う》き出た牛たち、水がめを頭にのせて数キロ先の水場まで歩くやせた子どもたち、手足は細いのにおなかだけふくらんだ乳児《にゅうじ》……。そんなアフリカや南アジアの干《かん》ばつの中で暮《く》らす人たちの姿《すがた》でしょうか？

それとも、ミサイルや戦車の砲弾《ほうだん》の飛び交うなか、家財《かざい》道具をロバのひく荷車にのせて逃《に》げまどい、茶色い泥水《どろみず》でのどの渇《かわ》きをいやす難民《なんみん》の姿《すがた》でしょうか？

たしかに飢餓《きが》や難民《なんみん》の姿《すがた》は印象《いんしょう》的で、映像《えいぞう》や写真で見ると、目に焼きついて忘《わす》れられなくなるものです。

しかし、飢餓《きが》に苦しむ人や難民《なんみん》だけが貧困《ひんこん》というわけではないのです。

貧困《ひんこん》には大きく分けて「絶対《ぜったい》的貧困《ひんこん》」と「相対的貧困《ひんこん》」のふたつがあります。

絶対《ぜったい》的貧困《ひんこん》とは「満足な食事がとれない」「住む家がない」など、生きていく上で必要最低限《げん》の生活水準《すいじゅん》が満たされていない状態《じょうたい》のことです。先ほど例にあげた飢餓《きが》に苦しむ人や難民《なんみん》などがこれにあたります。

1　1ドル＝150円で計算。この基準以下で生活している人は世界人口の約9％（2022年時点）

世界銀行はその基準《きじゅん》を一日あたり2・15ドル（約323円）[i]未満で暮《く》らしていることとしています。

国や地域《ちいき》によって物価《ぶっか》はちがうので一概《いちがい》にはいえませんが、この金額《きんがく》で食事をし、住宅費《じゅうたくひ》や電気・ガス・水道などの光熱費《ひ》もまかなわなければならないとしたら、とても足りないのではないでしょうか。

もうひとつの相対的貧困《ひんこん》とは、生きるか死ぬかというような飢餓《きが》レベルではないものの、暮《く》らしている国や地域《ちいき》でほかの人ができているあたり前の生活を送ることがむずかしい状態《じょうたい》をいいます。

日本の場合、世帯の年間所得《しょとく》が127万円以下、1カ月あたり約10万円程度《ていど》で暮《く》らしている世帯が相対的貧困《ひんこん》にあたります（2021年）[iii]。

相対的貧困《ひんこん》の状態《じょうたい》にある家庭では、「新しい服を買う」「外食をする」「旅行に行く」など、まわりの人たちがふつうにしていることができません。

アメリカ、中国、ドイツに次いで世界第4位の経済《けいざい》大国であり、豊《ゆた》かな国だと思われている日本ですが、じつは先進国の中でも貧困《ひんこん》が深刻《しんこく》な状況《じょうきょう》にあります。先進国が加盟《かめい》するOECD（経済協力開発機構《けいざいきょうりょくかいはつきこう》）39カ国の中で、日本は8番目に相対的貧困率《ひんこんりつ》が高い国なのです（2019〜2021年）iv）。

ひとり親世帯の貧困率《ひんこんりつ》が高い日本

ひとり親世帯の貧困率《ひんこんりつ》をOECD加盟《かめい》国でくらべてみると、日本のおかれている状況《じょうきょう》がよくわかります。

ひとり親世帯の貧困率《ひんこんりつ》がもっとも低いデンマークは9・7%、二番目に低いフィンランドが16・3%で、OECD加盟《かめい》国全体の平均《へいきん》は31・9%となっています。それに対して日本では、ひとり親家庭のおよそ半分（44・5%）が相対的貧困《ひんこん》の状態《じょうたい》にあるのですv）。

わかりやすくいうと、デンマークではひとり親家庭のうち、両親のそろっている家庭と同じように暮《く》らせない家庭の割合《わりあい》は10世帯に1世帯です。それに対して、日本ではその割合《わりあい》が4〜5世帯と非常《ひじょう》に多くなっているのです。

つまり日本では、ひとり親家庭になると、ほぼ2分の1の確率《かくりつ》で相対的貧困《ひんこん》におちいってしまうわけです。両親がそろっている家庭の相対的貧困率《ひんこんりつ》が8・6%であることからも、ひとり親家庭のほうが5倍も相対的貧困《ひんこん》におちいりやすいことがわかります。

そして、そんなひとり親家庭の中でも特に深刻《しんこく》なのが母子家庭です。父子家庭の父親の平均年収《へいきんねんしゅう》が518万円なのに対して、母子家庭の母親の平均《へいきん》年収《ねんしゅう》は272万円と2分の1程度《ていど》です[vi]。これは女性《じょせい》はパートなど非正規雇用《ひせいきこよう》の仕事をしている場合が多く、また正規雇用《せいきこよう》の場合でも収入《しゅうにゅう》の多い管理職《しょく》になる割《わり》合《あい》や、収入《しゅうにゅう》の増加《ぞうか》と関係のある勤続《きんぞく》年数が男性《だんせい》より低くなりがちなためです。

また、18歳《さい》未満の子どもがいる全世帯の平均年収《へいきんねんしゅう》が785万円[vii]であることを考えると、母子家庭の母親の平均年収《へいきんねんしゅう》は、その3分の1ほどにしかならないことがわかります。

このことからも、ひとり親家庭の母子が、どれほどきびしい生活環境《かんきょう》の中を生きていかなければならないかがわかると思います。

「子どもの貧困《ひんこん》」とは、そんな生活環境《かんきょう》にある子どもたちの状態《じょうたい》を指します。

豊《ゆた》かだとされている日本には、このように苦しい生活を送りながらも、なかなかまわりに「助けて」と言い出せない人たちがたくさんいるのです。

社会のつながりがうすれ、孤立《こりつ》した人がたくさんいる日本は、ほんとうに豊《ゆた》かな国なのでしょうか？

そもそも豊《ゆた》かさって?

ひとり親世帯の貧困率《ひんこんりつ》が9・7%とOECD加盟《かめい》国でもっとも少ないデンマークには、貧困《ひんこん》家庭が生まれないようにさまざまな社会保障《ほしょう》が用意されています。社会保障《ほしょう》は、その国に住んでいる人に最低限《げん》の暮《く》らしができるように、国が支《ささ》える仕組みのことです。たとえば、デンマークでは出産にかかる費用《ひよう》をふくめ、子どもの医療費《いりょうひ》は無料です。公立の小中学校、国立の大学・大学院の学費《がくひ》も無料です。つまり、子どもが生まれて育っていく過程《かてい》でかかる費用《ひよう》の多くを国が負担《ふたん》してくれているのです。

とはいえ、いいことばかりというわけではありません。

その分、デンマークの人たちは、とても高い税金《ぜいきん》を払《はら》っています。お給料の50%~60%は税金《ぜいきん》(所得税《しょとくぜい》)として引かれてしまい、手取りでもらえるのは半分以下です。たとえば、お給料が20万円だとしたら、税金《ぜいきん》を引かれたあと手もとに残るのは8万円~10万円です。しかも、品物を買うときに発生する消費税《しょうひぜい》は25%と高く、日本の何倍も税金《ぜいきん》を払《はら》わなくてはなりません。

ただ、日本のように、手もとにたくさんお金が残り、稼《かせ》げば稼《かせ》ぐほどぜいたくな生活をすることができるとしたら、それを豊《ゆた》かな暮《く》らしといえるでしょうか？〈他人や国の手は借りないよ。自分のことは自分でやっていくから平気さ〉という人もいるでしょう。でも、病気やケガをして働くことができなくなってしまったら？　ほんとうに自分のことは自分でやっていけますか？　そんな生活で安心できますか？

デンマークのように税金《ぜいきん》が高く、手もとに残るお金が少ないとしても、国が住んでいる人を平等に世話してくれるのなら、住んでいる人たちは安心して暮《く》らしていけるのではないでしょうか。住んでいる人たちが安心して暮《く》らしていけること、それこそがほんとうの豊《ゆた》かさなのかもしれません。

世界の食品ロスは年間13億トン

貧困《ひんこん》問題とつながりが深いのが食料問題です。いま、わたしたちの食はどうなっているのでしょうか。まずは食べられるのに捨《す》てられる食料、食品ロスについて見てみましょう。

世界の食品ロスは、ＦＡＯ（国連世界食糧《しょくりょう》農業機関）によると、年間13億トンあります。これは世界で生産されている食料の3分の1にあたります。

一方、ＷＷＦ（世界自然保護基金《ほごききん》）は、「世界の食品ロスはＦＡＯが発表しているよりもっと多い」と述《の》べています。ＷＷＦが２０２１年に発表した報告《ほうこく》書では、見た目が悪かったり大きさが規格《きかく》に合わなかったりして農場から出荷されずに捨《す》てられている農産物が12億トンあり、それはＦＡＯが発表している13億トンにふくまれていないと指摘《してき》しています。WWFの指摘《してき》の通りだとすると、世界では合計で約25億トンという途方《とほう》もない量の食品が捨《す》てられていることになります。

せっかく生産しておきながら捨《す》てられているこれらの食料を活かすことができれば、いま食べものに困《こま》っている人たちみんながじゅうぶんな食事をとることができます。

ですが、じっさいにはそうはいきません。

食べものを手に入れるためにはお金が必要だからです。せっかく生産された食べものの3分の1が食べられることなく捨《す》てられているというのに、貧《まず》しい人たちはお金がないために、その食べものを手に入れることができないのです。

また、ひとたび戦争や紛争《ふんそう》が起これば、食べものを手に入れることができなくなります。ウクライナやパレスチナのガザ地区で起こっていることを見れば、そのことはよくわかるでしょう。戦場となっている地域《ちいき》では行動が制限《せいげん》されてしまい、たとえお金があったとしても自由に食べものを買いに行くことができません。農場で野菜や果物を収穫《しゅうかく》したり、海や湖で漁をしたりすることもできません。

このように、戦争や紛争《ふんそう》も、食料の分配がうまくいかない理由のひとつにあげられます。

さらに、食料の輸出《ゆしゅつ》国が「自分たちの国を優先《ゆうせん》するからほかの国には輸出《ゆしゅつ》しない」と決めてしまうこともあります。もしそうなれば、食料を輸入《ゆにゅう》に頼《たよ》ってきた国では供給《きょうきゅう》が止まり、食料危機《きき》が起きてしまいます。

じっさい、コロナ禍《か》やロシアによるウクライナ軍事侵攻《しんこう》、気候変動による農作物の不作により、輸出《ゆしゅつ》国が食料の輸出《ゆしゅつ》を禁止《きんし》する輸出規制《ゆしゅつきせい》が起こっています。

わたしたちは、ふだんなにげなく食べものを食べています。でも、食料がじゅうぶん手に入れられて、自分が食べたいだけ食べられるということは、決してあたり前ではないのです。

1人が毎日おにぎり1個《こ》を捨《す》てている

この本を読んでいるあなたは、日本の食品ロスがどのくらいあるか知っていますか？

国の2022年の推計値《すいけいち》によると、日本の食品ロスは年間472万トンです（2024年6月発表）。2000年には980万トンの食品ロスがあったとされていますから、20年かけてだいたい半分くらいに減《へ》ってきたわけです。それでも、まだ1日あたり10トントラック1293台分の食品ロスが出ている計算です。

もっとわかりやすく説明すると、日本人全員がだいたい毎日おにぎり1個《こ》分を捨《す》てていることになります。

東京都のホームページには、日本の食品ロスは、東京都民約1400万人が1年間に食べる食料（約600万トン）と同じくらいの量だと書かれています。

２０２４年６月の政府《せいふ》の発表によれば、日本の食品ロスによって失うお金は４・０兆円、食品ロスによる温室効果《こうか》ガスの排出《はいしゅつ》量は１０４６万トンにものぼります。

もうすでにじゅうぶんすぎるくらい食品ロスは多いように思えます。でも、これらはあくまで推計値《すいけいち》です。

農林水産省が発表したデータを見ると、収穫《しゅうかく》されながら出荷されていない野菜が年間１７７万トンあります。また、傷《きず》がついていたり、大きさが規格《きかく》に合わなかったり、知名度がなかったりして市場に出されず港で捨《す》てられている未利用魚は、年間１００万トン以上発生しているそうです。

そのほか、災害《さいがい》に備《そな》えて企業《きぎょう》が用意している備蓄《びちく》食品も、賞味期限《しょうみきげん》が来る何カ月も前に処分《しょぶん》されることが多いのですが、これらは食品ロスの推計値《すいけいち》には入っていません。ということは、現実《げんじつ》の社会では、国が推計《すいけい》した量以上に食品ロスが発生していることになります。

日本には「見えない貧困《ひんこん》」があります。世界にも食べられず、飢餓《きが》に苦しんでいる多くの人たちがいます。その一方で、日本でも世界でも大量の食べものが捨《す》てられているのです。

このことを知れば、やはりだれもがなんとかしたい、なにか行動すべきだと感じるのではないでしょうか。そして、その取り組みのひとつが、おてらおやつクラブの活動なのだといえるのかもしれません。

話をふたたびおてらおやつクラブにもどします。

i）定期調査：「食品主要195社」価格改定動向調査――2023年動向・24年見通し（帝国データバンク、2023/12/29）
https://www.tdb.co.jp/report/watching/press/pdf/p231215.pdf

ii）こども食堂全国箇所数調査2023結果（認定NPO法人全国こども食堂支援センター・むすびえ）
https://musubie.org/news/8560/

iii）令和４年国民生活基礎調査（厚生労働省）
https://www.mhlw.go.jp/toukei/saikin/hw/k-tyosa/k-tyosa22/index.html

iv）レポートカード18（ユニセフ）
https://www.unicef.or.jp/news/2023/0208.html

v）困窮親子を物価高直撃「おなかすいて、水飲んでごまかした」支援ＮＰＯ調査（朝日新聞、2023/7/5）
https://digital.asahi.com/articles/DA3S15679087.html

vi）令和３年度全国ひとり親世帯等調査（厚生労働省）
https://www.mhlw.go.jp/toukei/list/86-1.html

vii）令和４年国民生活基礎調査（厚生労働省）
https://www.mhlw.go.jp/toukei/saikin/hw/k-tyosa/k-tyosa22/index.html

第2章
お寺の「ある」と社会の「ない」をつなごう!

コンビニより多い日本のお寺

日本の街を歩いているとコンビニの多さに驚《おどろ》かされます。交差点ごとにお店があるような場所も見かけます。現在《げんざい》、全国には5万5千店舗《てんぽ》以上のコンビニがあるそうです（2024年7月）[i]。

でも、じつはそんなコンビニよりもたくさんあるのがお寺です。全国に約7万7千[ii]ものお寺があります[1]。

お寺には日ごろ、信者や檀家《だんか》[2]からたくさんの「おそなえ」が集まります。

むかしからお寺ではおそなえを仏《ほとけ》さまからの「おさがり」としていただいてきました。それでもお彼岸《ひがん》やお盆《ぼん》のように、お

1　ただし、住職のいるお寺は5万程度。

2　きまったお寺に所属《しょぞく》している家のこと。檀家《だんか》はお墓《はか》を管理してもらったり、法事をとりおこなってもらったりするかわりに、お布施《ふせ》などでお寺を経済《けいざい》的に支援《しえん》する。

寺やお墓《はか》におまいりする人が急に増《ふ》える時期があります。そんなとき、お寺だけでは消費《しょうひ》しきれないほどのおそなえが届《とど》きます。

そのため、お寺では仏《ほとけ》さまにおそなえしたあとで、おさがりとして地域《ちいき》の人たちに「おすそわけ」してきました。こうした「おそなえ・おさがり・おすそわけ」は、だれかの心のこもったおそなえを無駄《むだ》にしないための工夫として、むかしからの習慣《しゅうかん》としてあったのです。

おそなえは、「地のもの[3]・旬《しゅん》のもの・果物」といわれます。果物はおそなえの定番で、お寺には季節ごとに旬《しゅん》の果物が届《とど》きます。そのため、お寺では果物を買うことがありません。

一方、貧《まず》しいひとり親家庭も果物を買うことはありません。

3　「地のもの」とは地元でとれるもののこと。

果物は大きさのわりに値段《ねだん》が高い食品だからです。

想像《そうぞう》してみてください。

外出中におなかが減《へ》って、ぐうぐう鳴っています。手もとには100円玉が3つ。そんなとき食べものを買うとしたら、なにを選びますか？

まずは主食になりそうな、おにぎりやサンドウィッチ、カップラーメンなどではないでしょうか。あるいは量が少なくてもおなかのふくれるフライドチキンなどの揚《あ》げ物。お金がかぎられているとき、果物を買う人はあまりいないと思います。栄養はあっておいしいのですが〝コスパ〟が悪いのです。

おなじ理由で、食費《しょくひ》のかぎられたひとり親家庭では、主食になるものやおなかにたまりそうな食品を選びがちなので、ビタミンなどの栄養素《そ》はふくまれていても、果物には手が伸《の》びません。

ひとり親家庭の子どもたちのなかには、リンゴの食べ方を知らない子がいるそうです。ふだん果物を買わないので、リンゴを食べたことがないのです。南国からやってきたドリアンやドラゴンフルーツのような果物をはじめて手にしたときに、食べ方や熟《じゅく》しているのかどうかがわからないのとおなじことです。

お寺には食べきれないほどの果物やお菓子があるのに、ひとり親家庭には果物やお菓子《かし》を買うほどの余裕《よゆう》がない。その現実《げんじつ》に目を向けたお坊《ぼう》さんがいました。それが奈良・安養寺《あんようじ》の松島靖朗《まつしませいろう》さんです。

松島さんと仲間のお坊《ぼう》さんたちは、お寺の「ある」と社会の「ない」をつなげることで、「食品ロス」と「子どもの貧困《ひんこん》」というふたつの社会問題を同時に解決《かいけつ》しようと、2014年に「おてらおやつクラブ」を立ち上げました。

現在《げんざい》、全国47都道府県のすべてに、おてらおやつクラブに登録しているお寺と支援団体《しえんだんたい》があります。もよりのお寺から支援団体《しえんだんたい》に「おすそわけ」ができるようになっています。

むかしからあった「おそなえ・おさがり・おすそわけ」

おてらおやつクラブがおすそわけするのは、だれかから仏《ほとけ》さまにささげられた心のこもったおそなえです。

そのため、仏《ほとけ》さまにおそなえしてお経《きょう》をあげたあと、仏《ほとけ》さまのおさがりとして、近くのフードバンク、子ども食堂《しょくどう》、児童養護《ようご》施設《しせつ》や支援《しえん》団体《だんたい》などを通しててひとり親家庭におすそわけされています。

「おそなえ・おさがり・おすそわけ」自体は、むかしからお寺にあった習慣《しゅうかん》なので、おてらおやつクラブの活動は、その習慣《しゅうかん》を現代《げんだい》風にデザインし直したものということになります。

首都圏《けん》のあるお寺では、発行している会報誌《かいほうし》でおてらおやつクラブの活動を紹《しょう》介《かい》したところ、毎年8月のお盆《ぼん》におこなわれる施餓鬼《せがき》[4]で、例年以上にたくさんのおそなえが集まりました。
檀家《だんか》がおてらおやつクラブの活動に使ってほしいと、日持ちのするお菓子《かし》やレトルト食品をおそなえしてくれたのです。それまではお寺のおそなえといえば、果物が定番でしたが、果物だと日持ちしないので、おてらおやつクラブで使うことを考えて、ポテトチップスのようなスナック菓子《かし》やカップ麺《めん》などに変わってきたそうです。

また、中部地方のあるお寺ではボランティアたちが「これを入れたら子どもたちがよろこぶんじゃない」「こういうのがいいかも」などと話し合いをしながら箱詰《はこづ》め作業をしているそうです。お寺の住職《じゅうしょく》の子どももいっしょに手伝っています。

おてらおやつクラブの事務局《じむきょく》には、おやつのおすそわけをも

4　施餓鬼《せがき》　お盆《ぼん》ごろにおこなわれる、飢《う》えと渇《かわ》きに苦しむ死者である「餓鬼《がき》」を供養《くよう》する儀式《ぎしき》。

らった人たちから、こんな声が届《とど》いています。

「箱を開ける子どもたちがうれしそうに目をキラキラさせていました。『お菓子《かし》1つだけ買って』と言う子どもに、いいよと言えない自分を毎日せめていました。生活が苦しいことは恥《は》ずかしいことだと思いいままでだれにも相談できずにいました。今回、おすそわけが届《とど》き、うれしくて涙《なみだ》がでました」

（30代母親、子ども2人）

「私たちは夫のDV[5]から着の身着のまま逃《に》げました。節約にも限界《げんかい》があり、『息を吸《す》うだけでお金がかかるから生きている意味はないのでは』と考えていました。おすそわけを届《とど》けてもらえたことで涙《なみだ》が止まりませんでした。

5　DV（ドメスティック・バイオレンス）。家庭内暴力《ぼうりょく》。家族や恋人《こいびと》など親密《しんみつ》な関係にある人から、肉体的・精神《せいしん》的に傷《きず》つけられること。

私、生きていていいんだ。
ありがとうございます。
息子も私も明日また生きていていいんだと
明日への希望になりました」

（30代母親、子ども1人）

お寺生まれのお寺ぎらい

そんなおてらおやつクラブを立ち上げた松島靖朗《まつしませいろう》さんが生まれたのは、祖父《そふ》が住職《じゅうしょく》をしていた奈良の安養寺《あんようじ》というお寺です。お寺で生まれ育った松島さんですが、小さなころは「お寺の子」と言われることに反発をおぼえていました。

「大きくなったら立派《りっぱ》なお坊《ぼう》さんになるんやで」
「将来《しょうらい》はお坊《ぼう》さんになんねんから、しっかりしいや」
「お坊《ぼう》さんになるのに、その口のききかたはなんや」
まわりからそう言われるたびに、息がつまるような窮屈《きゅうくつ》さを感じていたと松島さんは話します。

まわりの友だちが将来《しょうらい》の夢《ゆめ》を語っているときに、「松島くんはお寺の子だから、お坊《ぼう》さんだね」と決めつけられてしまうことがどんなにつらいか想像《そうぞう》してみてください。

しかも、そのお寺というのは、学校の同級生から「おまえのところは人が死んだらお金がもうかんのやろ」とからかわれるような場所なのです。

それなのにまわりのみんなは〈お寺の子はお寺を継《つ》ぐものだ〉と信じて疑《うたが》わないのです。

小学校4年生のとき、こんな出来事がありました。

松島さんの住む安養寺《あんようじ》にあった阿弥陀如来立像《あみだにょらいりつぞう》が、なんと鎌倉《かまくら》時代の仏師《ぶっし》である快慶《かいけい》の作であることがわかり、国の重要文化財《ざい》に指定されたのです。テレビの取材も来て、急にお寺が有名になってしまいました。

通っている小学校の校外学習の見学先にもなり、同級生たちがお寺にやって来て「ここ、おまえんちだろう」とからかわれました。

それでもがまんしていましたが、松島少年はある朝、とうとう学校へ行くのがいやになり、集団《しゅうだん》登校のとき「忘《わす》れ物したから」とウソを言ってお寺に帰ってしまいます。そしてお寺の屋根にのぼり、だれにも見つからないところに隠《かく》れたのです。

けれど、気がつくと「松島くーん!」とだれかが自分を探《さが》す声が聞こえてきました。このままでは見つかってしまうと、屋根から降《お》りていろんなところに隠《かく》れましたが、もう限界《げんかい》だと思い、川沿《かわぞ》いの土手で服や体を汚《よご》して、家族には「誘拐《ゆうかい》されて逃《に》げてきた」とウソをつきました。

「え！　誘拐《ゆうかい》!?」

家族は驚《おどろ》いて、そのまま警察《けいさつ》に連れて行き、パトカーに乗せられて、逃《に》げてきた道を案内することになりました。でも「ここを右に」などと適当《てきとう》に言っているうちに、道は行き止まりに。とうとう松島少年は「ウソでした」と泣きながら告白《こくはく》しました。

翌朝《よくあさ》、祖父《そふ》が新聞の朝刊《ちょうかん》を持って来て「これ、おまえやで」と見せてくれ、そこには「少年Aの誘拐事件《ゆうかいじけん》」のことが書いてあり、ますます学校へ行きにくくなってしまいました。

その後、松島さんは中学校を卒業すると地元の奈良の高校ではなく、家族にすすめられるまま大阪の私立《しりつ》高校に進学します。そこはお寺の子弟が通う仏教系《ぶっきょうけい》の高校でした。

そのときはじめて〈このままだとほんとうにお坊《ぼう》さんにされてしまう〉と怖《こわ》くなり、わずか3日通っただけで高校を中退《ちゅうたい》してしまいます。

松島さんは、〈お寺の子はお寺を継《つ》ぐものだ〉という常識《じょうしき》に逆《さか》らい、翌年《よくねん》に普通《ふつう》高校を受験し直します。だれかのしいたレールの上を進んでお坊《ぼう》さんになるのではなく、まわりの友だちのように「ふつうの人生」を歩んでみたいと思ったからです。

そして〈東京の大学に進学すれば、お寺から離《はな》れられる〉という動機で東京の大学へと進学します。

上京し、インターネットと出会う

松島さんが上京したのは、ちょうどパソコンやインターネットが急速に世の中に普及《ふきゅう》しはじめたころでした。

すぐにインターネットの世界に夢中《むちゅう》になり、大学の勉強もそこそこに企業《きぎょう》のホームページ制作《せいさく》やパソコンのユーザーサポートのアルバイトにはげみました。

〈自分と同じ年に生まれた人たちは、いまどこでなにをしているんだろう〉

あるとき、そんなちょっとした興味《きょうみ》から、松島さんは、インターネット上に自分と同い年の人たちのための交流サイトを立ち上げてみました。

すると、おもしろそうだと思った人たちが、次々《つぎつぎ》に自分のしていること、考えていること、やりたいことを書いて、おたがいに共有するようになりました。そうした交流の場を求めていた人は多かったようで、たくさんの同い年の仲間が集まるサイトになりました。

インターネットは、遠く離れた場所に暮《く》らし、たがいに会ったことのない人たちを「つなぐ」役割《やくわり》を果たせます。インターネットがあれば、なにかとなにかをつなぐ、だれかとだれかをつなぐことができるのです。

〈インターネットがあればなんでもできる！インターネットをうまく使えば、世の中を変えていくことだってできるんだ！〉

それは、松島さんにとって大きな気づきとなりました。

ＩＴビジネスの最前線へ

大学を卒業すると、大手ＩＴ企業《きぎょう》に就職《しゅうしょく》します。ＩＴ企業《きぎょう》の役割《やくわり》のひとつは、インターネットで人やモノをつなぐことで価値《かち》を生み出すことにあります。

松島さんは、そこで新しいビジネスを起こしたベンチャー企業《きぎょう》に出資《しゅっし》する業務《ぎょうむ》に4年半ほどたずさわりました。その投資《とうし》先企業《きぎょう》の中に、化粧品《けしょうひん》などの美容《びよう》系情報《けいじょうほう》を集めた「アットコスメ」というウェブサイトを運営《うんえい》する株式《かぶしき》会社アイスタイルがありました。

その企業《きぎょう》のユニークな事業と社長の人柄《ひとがら》にほれこんだ松島さんは、勤《つと》めていた大手ＩＴ企業《きぎょう》からアイスタイルに転職《てんしょく》することにしました。だれかのしいた決まったレールをただひたすら進む大企業《だいきぎょう》ではなく、小さなベンチャー企業《きぎょう》で同世代の仲間たちと未来を切りひらいていくことのほうが、やりがいがあるし、おもしろそうだと思ったからです。

また、松島さんは、いずれは自分でも起業したいと考えていたので、起業家がどうやって事業を大きくしていくのかを間近で見ておきたいという気持ちもありました。

アットコスメでは、消費者《しょうひしゃ》が必要としているものと化粧品《けしょうひん》会社の商品を、クチコミという消費《しょうひ》者の「声」を使ってつなぐことを目標にしていました。

化粧品《けしょうひん》というと、化粧品《けしょうひん》会社がそれぞれの戦略《せんりゃく》にもとづいて商品を開発し、消《しょう》費者《ひしゃ》が自分の好みにあわせて購入《こうにゅう》するのが一般《いっぱん》的です。

けれど、せっかく買った商品なのに、じっさいに使ってみると自分の好みに合わない場合もあります。そうしたミスマッチをなくそうとしたのがアットコスメです。

クチコミという消費者《しょうひしゃ》の声をデータ化して化粧品《けしょうひん》会社に提供《ていきょう》することで、消費《しょうひ》者《しゃ》がほんとうに求めているものを開発してもらうことにしたのです。

消費者《しょうひしゃ》の声をビジネスに活かすことで、企業《きぎょう》はより売れる化粧品《けしょうひん》をつくることができ、消費者《しょうひしゃ》は自分が求めている化粧品《けしょうひん》を手に入れることができます。化粧品《けしょうひん》会社もうれしければ、消費者《しょうひしゃ》もうれしいし、アットコスメもうれしいという「三方よし」のビジネスモデルでした。

人とちがう道を歩きたい！

松島さんは、東京で暮《く》らした13年間に、何人もの起業家たちと知り合うことができました。

起業家と呼《よ》ばれる人たちは、みんなユニークで独特《どくとく》の感性《かんせい》をもっていました。

そんな起業家たちと付き合っているうちに、いつしか自分も彼《かれ》らのようなユニークな生き方にあこがれを抱《いだ》くようになりました。

松島さんは、子どものころ、お坊《ぼう》さんになってお寺を継《つ》ぐのがイヤで、ほかの人たちのように〝ふつうの人生〟を送りたいと思っていました。ところが東京で暮《く》らすうちに、奈良にいたころにあれほど求めていた〝ふつうの人生〟に、ものたりなさを感じるようになっていたのです。

ただ、だからといって、松島さんは自分もＩＴ業界で起業しようとは考えませんでした。これから起業しても、あまりおもしろいことはできそうにないと思ったからです。

〈たいていのことは、もうすでにだれかがはじめている。どうせやるなら、だれかのまねごとではなく、まだだれもやってない、自分にしかできないことに挑《ちょう》戦《せん》してみたい〉

〈それでは、どうしたら人とちがう生き方ができるのだろう。自分にしかないユニークさってなんだろう〉

そう考えていて、松島さんは、ふと気がつきました。

「お坊《ぼう》さんがあるやん！」

そもそも松島さんは、お坊《ぼう》さんになるのがイヤで〝ふつうの人生〟にあこがれたのですから、お坊《ぼう》さんになることは、松島さんにとって〝ふつうの人生〟ともっともかけ離《はな》れたユニークな生き方ということになります。

松島さんは会社をやめると、お坊《ぼう》さんになるために道場の門をたたき、京都の金戒光明寺《こんかいこうみょうじ》や知恩院《ちおんいん》などで仏教《ぶっきょう》の修行《しゅぎょう》をはじめました。

道場では、お経《きょう》の読みかたを習い、仏《ほとけ》さまの教えを学び、衣や袈裟《けさ》の着かた・つけかた、日常《にちじょう》生活でお坊《ぼう》さんとしてどうふるまうかという作法について教わりました。

待っとったで。よう帰ってきたなあ

2年半の修行《しゅぎょう》を終えた松島さんは、2010年、お坊《ぼう》さんとして奈良の安養寺《あんようじ》にもどります。

彼《かれ》を小さいころから知る檀家《だんか》のおじいさん、おばあさんから「ぜったいに帰って来てくれると思うてたわ」「わしらの葬式《そうしき》に間に合ってくれてよかったわ」と声をかけられると、自分を待っていてくれた人がいるのだと涙《なみだ》が出そうになりました。

お寺もやはり時代の変化にさらされています。インターネットで食べものを注文してデリバリーしてもらうように、お葬式《そうしき》に来てもらうお坊《ぼう》さんをネットで予約できる時代です。お葬式《そうしき》もお坊《ぼう》さんも必要ないという人さえいるくらいです。

お話したように、日本にはコンビニよりもお寺のほうがたくさんあります。

しかし、人々《ひとびと》の暮《く》らしに身近なコンビニとはちがい、お寺が近所にあることで「助かる」「ありがたい」「便利だ」などという声を聞くことはめったにありません。

そんな時代にお坊《ぼう》さんになった松島さんですから、今の時代にお寺はどうあるべきなのか、お坊《ぼう》さんとして人を助けるとはどういうことなのか、そして人を苦しみから救《すく》うとはどういうことなのかを考えざるをえませんでした。

飽《ほう》食《しょく》の日本で人が餓《が》死《し》するなんて……

ちょうどそのころ、大阪のマンションの一室で、28歳《さい》の母親と3歳《さい》の男の子が亡《な》くなるという事件《じけん》が起こりました。

母子の部屋は電気とガスが止められており、部屋の中に食べものはなく、お母さんから子どもにあてられた「最後におなかいっぱい食べさせられなくて、ごめんね」というメモが残されていました。

当時、松島さんは、結婚《けっこん》して子どもが生まれ、父親になったばかりでした。親が子どもに注ぐ愛情《あいじょう》の深さを日々《ひび》実感していたところだったので、この事件《じけん》を他人ごとには思えませんでした。

飽食《ほうしょく》の時代といわれ、食品ロスが大きな社会問題となっている世の中。それなのに、食べるものがなくて人が命を落とすというのは、いったいどういうことなのか。

それもどこか遠い国の話ではなく、奈良のすぐとなりの大阪で起こったのです。

松島さんは、事件《じけん》にショックを受けているだけではなく、自分でもなにか行動しなければいけないと思いました。

〈でも、ただのお坊《ぼう》さんでしかない自分になにができるんだろう〉

松島さんは、お坊《ぼう》さんになってからというもの、人を助けるとはどういうことなのか、ずっと考えてきました。それなのに、いざとなるとなにもできない自分がいらだたしく感じられました。

そんな様子を見かねて、奥《おく》さんが「おそなえものをどこかに届《とど》けたらいいんじゃないかな」とつぶやきました。

それは名案だ。松島さんはそう思い、子どもの貧困《ひんこん》問題に取り組んでいる支援《しえん》団体《だんたい》の説明会に参加してみることにしました。

そして、支援《しえん》団体《だんたい》の代表に、お寺のおそなえをおすそわけしたいと伝えたところ、すぐに支援《しえん》の必要な家庭を3世帯紹介《しょうかい》してくれました。

それから松島さんは、お寺のおそなえを毎月ひと箱ずつ、3世帯のひとり親家庭におすそわけするようになったのです。

ありがとう。まだぜんぜん足りてへんのです

おすそわけを3カ月ほどつづけてみて、お寺でおそなえを消費《しょうひ》しきれないという問題も解決《かいけつ》し、ひとり親家庭の支援《しえん》をすることもできました。松島さんには、

これでようやくお坊《ぼう》さんとして人を助けるという役目をはたせたのではないかという思いがありました。

ひとり親家庭におすそわけを届《とど》けた帰り道、支援団体《しえんだんたい》に立ち寄《よ》ると、松島さんは軽い気持ちで代表に「おすそわけは役に立っているでしょうか」と聞いてみました。

「ええ、どちらのご家族もよろこんでくれてはりますよ。おやつが入っているでしょ。せやから子どもらがよろこぶし、子どもらがよろこんどるのを見て親たちもよろこんどるそうです。おやつはいちばん後まわしにされがちやけど、ほんまは子どもにとって、ものすっごくだいじなものなんです」

そう言ってもらえたことで、松島さんはほっとしました。

ところが、つづけて出た言葉は、松島さんがまったく予想していないものでした。

「せやけど、まだぜんぜん足りてへんのです」

松島さんはこのときはじめて気がつきました。この言葉のむこうに、おなかをすかせたたくさんの子どもたちがいるのだということを。その団体《だんたい》が支援《しえん》しているひとり親家庭は数百世帯もあり、松島さんのお寺のおすそわけくらいでは、とうてい足りなかったのです。

それまで松島さんは「自分のできることはやって、なんならこれで貧困《ひんこん》問題も解決《かいけつ》できるんじゃないか」くらいに思っていました。少し得意《とくい》になっていたかもしれません。

ところが、子どもの貧困《ひんこん》問題は、松島さんが思っていたよりもずっと深刻《しんこく》なものだったのです。

お寺、めちゃくちゃいっぱいあるやん!

恥《は》ずかしさと無力感でいっぱいになりながら、奈良にむかって車を走らせているとき、松島さんはあることに気がつきました。

高速道路沿《そ》いの看板《かんばん》が、お寺のものばかりだったのです。

「お寺、めちゃくちゃいっぱいあるやん！」

松島さんのお寺だけでは、すべてのひとり親家庭の支援《しえん》はできません。

でも、もし100のお寺が仲間になってくれたら、もっとたくさんのひとり親家庭を支援《しえん》することができます。

お寺にもどると松島さんは、知り合いのお坊《ぼう》さんたちに、つぎのようなメールを送ってみることにしました。

「お寺におそなえものいっぱいありますよね？　おやついっぱいありますよね？」

すると、やっぱりどのお寺にも「おそなえ」がたくさんあまっていることがわかりました。

そこで松島さんは、仲間のお坊《ぼう》さんたちに、こう呼《よ》びかけてみました。

「あまっている『おそなえ』を、おなかをすかせた子どもたちに『おすそわけ』してみませんか?」

「へえ、なるほどねえ」

「その手があったか!」

「めっちゃええな!」

みんなこころよく引き受けてくれました。

そして翌年《よくねん》の2014年1月、松島さんと仲間のお坊《ぼう》さんたちは、お寺の「ある」と社会の「ない」をつなげることで、食品ロスと子どもの貧困《ひんこん》というふたつの社会問題を同時に解決《かいけつ》しようと、おてらおやつクラブを立ち上げたのです。

おてらおやつクラブという名前には、お寺の人だけでなく、いろんな人に参加してもらってクラブ活動のように楽しくつづけたいという願いがこめられています。

i）コンビニエンスストア統計データ（日本フランチャイズチェーン協会）
https://www.jfa-fc.or.jp/particle/320.html

ii）宗教年鑑令和5年版（文化庁）
https://www.bunka.go.jp/tokei_hakusho_shuppan/hakusho_nenjihokokusho/shukyo_nenkan/pdf/r05nenkan.pdf

第3章

もう一度、お寺を身近な存在《そんざい》に

47都道府県のすべてに声をかけよう

おてらおやつクラブを立ち上げると、松島さんたちは、ホームページやSNSで子どもの貧困《ひんこん》問題のことや、活動をしてみて感じたことを発信しはじめました。「お寺のおそなえのおさがりをひとり親家庭におすそわけしています。でもぜんぜん足りていないそうです。いっしょにやりませんか」と全国のお寺に呼《よ》びかけました。

ただ、立ち上げてはみたものの、はじめのうちは試行錯誤《さくご》の連続でした。まず、お寺と支援《しえん》を必要としている団体《だんたい》をつなぐことがたいへんでした。最初は大阪のお寺から遠く離《はな》れた鹿児島の支援団体《しえんだんたい》に宅配便《たくはいびん》でおすそわけを送るような効率《こうりつ》の悪いことをしていました。しかし、それでは手間と費用《ひよう》ばかりかさんでしまい、長くつづく活動になりそうにないことはだれの目にも明らかでした。

活動をはじめてわかったことは、おやつのおすそわけは子どもたちによろこんでもらえるということと、支援《しえん》を求める声は日本中から聞こえてくるということでした。言いかえると、子どもの貧困《ひんこん》問題は日本中いたるところにあるということです。

それなら47都道府県すべてに、協力してくれるお寺と支援団体《しえんだんたい》があるくらいに活動を広げていかなくてはいけないということになります。

おてらおやつクラブを日本中に知ってもらうために、松島さんは活動説明会をはじめることにしました。

あちこちを回り、少しずつ活動が知られるようになると、新聞やテレビがおてらおやつクラブを取材して報道《ほうどう》してくれるようになりました。すると報道《ほうどう》で活動を知ったお寺から「なにか自分たちにできることはないですか」と声がかかるようになりました。

声がかかると、松島さんはそのお寺に足を運び、地域《ちいき》にあるお寺と支援団体《しえんだんたい》に集まってもらい、子どもの貧困《ひんこん》問題やおてらおやつクラブの活動について説明して回りました。

いまでこそ講演《こうえん》会で1時間くらいは平気で話せる松島さんですが、その当時は人前で5分も話がつづきませんでした。それでも集まってくれたお坊《ぼう》さんや支援《しえん》団体《だんたい》の人たちの熱意はすごくて、それぞれが自分の抱《かか》えている問題を話しはじめ、その場で意気投合した人たちどうしでおてらおやつクラブの活動をはじめてくれたのです。

仏教《ぶっきょう》は、日本で1300年以上も受け継《つ》がれてきました。しかし、多くの日本人にとって、お寺はいつしかお葬式《そうしき》や法事でしかお世話にならない縁遠《えんどお》いものになってしまいました。

この21世紀《せいき》にお寺はどうあるべきなのかという問題を、多くのお坊《ぼう》さんが悩《なや》み考えていたのです。そこに現《あらわ》れたのがおてらおやつクラブでした。

お寺にとっておそなえがあまってしまうことは共通の悩《なや》みでした。おてらおやつクラブならおそなえを子どもの貧困《ひんこん》問題に役立てることができるのです。「探《さが》していたのはこれだ！」と思ったお坊《ぼう》さんが、きっとたくさんいたのでしょう。

そうしたお坊《ぼう》さんたちの熱意や、ひとり親家庭とそれを支《ささ》える支援団体《しえんだんたい》のニーズもあって、おてらおやつクラブはわずか3年で、全国47都道府県すべてに協力してくれるお寺と支援団体《しえんだんたい》をもつことができました。

その結果、日本中のどこでも、地域《ちいき》のお寺から支援団体《しえんだんたい》へおやつのおすそわけができるようになりました。

おてらおやつクラブの活動を広げるために松島さんたちが工夫したのは、参加しやすく無理なくつづけられる仕組みづくりでした。

おそなえの量はお寺によってちがいます。そのためおすそわけする量や回数はそれぞれのお寺にまかせ、できる範囲《はんい》で参加してもらうようにしました。たとえひとつのお寺にできることは小さくても、たくさんのお寺が集まれば大きなことができるはずだと考えたからです。それに、無理しないことこそ、活動を長くつづかせるコツです。

奈良の東大寺のようにおそなえを受けつけていないお寺でも、募金箱《ぼきんばこ》をおくことで活動に参加できるようにしました。

このように、たくさんの選択肢《せんたくし》があり、どうするかをその中から自由に選べることも、おてらおやつクラブの風通しのよさにつながっているのかもしれません。

おぼうさん、ぽてとちっぷください

ある日、おてらおやつクラブの事務局《じむきょく》に、それまで5年ほど支援《しえん》をつづけてきたひとり親家庭の男の子からはがきが届《とど》きました。代表の松島さんがはがきを手に取ると、色えんぴつでお坊《ぼう》さんの絵が描《えが》かれていて、こんな言葉がそえられていました。

「おぼうさん、わがしはもういいので、ぽてとちっぷをおくってください」


松島さんは「生意気なやっちゃ」と苦笑いしました。

でも、そのはがきはふしぎと松島さんの心に響《ひび》きました。

長いあいだ、いろんなことをずっとがまんしてきた男の子が、ようやく子どもらしいところを見せ、自分たちに甘《あま》えてくれたのです。

松島さんは、「生意気なやっちゃ」と思いつつも、自分の小さなころを思い出していました。自分もよく祖父《そふ》に「もう、あんこ、いやや」と言っていたのです。モナカとか、どら焼きとか、羊羹《ようかん》とか、そんなんもう要らんから、自分の好きなお菓子《かし》食べさせて、と。まるでかつての自分の姿《すがた》を見ているようで、松島さんははじめてその子の心にふれられた気がしました。

POTATO
おぼうさんへ

経済的《けいざい》にきびしい家庭の子どもたちは、とにかくいろんなことをがまんしています。親に迷惑《めいわく》をかけたらいけない、自分がほしいものやしたいことを言ったらいけない。松島さんは、そんな声を支援団体《しえんだんたい》から聞いていたので、おすそわけを届《とど》ける中、ようやくその子が子どもらしい姿《すがた》を見せてくれたことをしみじみうれしく思いました。

カップラーメンから消しゴムまで

檀家《だんか》さんからいただいたおそなえを、お寺がかってにひとり親家庭に送ってしまっていいのか、批判《ひはん》されないだろうか、そう心配するお寺もありました。

でもじっさいにはじめてみると、檀家《だんか》の人たちはとても協力的で、お坊《ぼう》さんが法事などでお経《きょう》をあげた帰りに「おてらおやつクラブに使ってください」とお菓《か》子《し》を持たせてくれたり、活動を知った人がお寺までお菓子《かし》を届《とど》けてくれたりするようになりました。

名前も言わずに毎月両手にいっぱいのお菓子《かし》を抱《かか》えてお寺に届《とど》けに来てくれる人もいます。活動に共感した人が発送の手伝いにも来てくれるようなりました。

活動をつづけているうちにおそなえそのものにも変化があらわれてきました。日持ちするもの、子どもの好きそうなもの、レトルト食品やインスタント食品のように毎日の暮《く》らしに役立ちそうなもの、生理用品やシャンプーなどの日用品。どれも以前では仏《ほとけ》さまへのおそなえとして想像《そうぞう》もできなかったものばかりです。

春の入学式シーズンには、えんぴつや消しゴム、ペンケースなどの文房具《ぶんぼうぐ》をおそなえしてくれる人。ハロウィンやクリスマス、ひな祭りのような、季節の行事にあわせておそなえをしてくれる人もいます。

お寺におまいりする人たちが、ひとり親家庭におすそわけされることを考えて、おそなえを選んでくれるようになったのです。

松島さんは、虫歯ができて近所の歯医者さんに治療《ちりょう》に行ったところ、歯医者さんから「あんた、おやつのお坊《ぼう》さんやんね」と言われ、帰りにおてらおやつクラブ

おてらおやつクラブに届く「おそなえ」

用に歯ブラシとはみがき粉《こ》を段《だん》ボールひと箱分もらったことがあります。
子どもの貧困《ひんこん》問題に心を痛《いた》めていても、なにをしたらいいかわからないと感じている人は多く、いつしかおてらおやつクラブはそんな人たちの気持ちの受け皿になっていたのです。

その一方で、
「お菓子《かし》を貧困《ひんこん》家庭に送るなんて逆効果《ぎゃくこうか》だ」
「子どもに添加《てんか》物まみれのスナックをあたえるなんてけしからん」

「お寺なんだから精進《しょうじん》料理を出せば」

「もっと栄養のある食べものを提供《ていきょう》すべきだ」

と、おてらおやつクラブを批判《ひはん》する声も耳に入るようになってきました。

収入《しゅうにゅう》が少ない家庭は食費《しょくひ》にお金をかける余裕《よゆう》がありません。余裕《よゆう》がないと、まっさきに削《けず》られてしまうのが子どものおやつです。そのため、貧《まず》しい家庭の子どもたちはめったにお菓子《かし》を食べることができないのです。

おやつを食べたくてもずっとがまんしている子どもたちに、たまにお菓子《かし》を食べさせてあげることがそんなにいけないことなのでしょうか。

ごはんがからだの栄養なら、おやつは心の栄養です。おやつはおなかも心も満たしてくれる特別なものなのです。

働きはじめる前に知っておきたい ワークルールの超きほん

佐々木亮 監　社会に出て働くとき・働かせるときに自分と仲
守る方法を伝えます！　これだけは知っておきたいワークル
の「超きほん」をオールカラーでやさしく解説！　●4180円

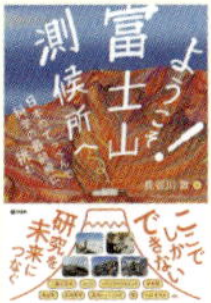

ようこそ！ 富士山測候所へ　2刷
日本のてっぺんで科学の最前線に挑む

長谷川敦 著　解体予定だった富士山頂の測候所。「ここでした
きない研究」を未来につなぐために、科学者たちが施設の存続
立ち上がった！　●1760円

高校生も法廷に！
10代のための裁判員裁判　2刷

牧野茂・大城聡 監修　さかなこうじ 絵　今年から高校生も裁
員に!?　選ばれる前に知っておきたい裁判と裁判員制度のし
み。実体験をもとに漫画でわかりやすく解説！　●4180円

コンプレックスをひっくり返す　（探究のDOOR②
見た目のなやみが軽くなる「ボディ・ポジティブ」な生き

吉野なお 著　"見た目ガチャ"ってあるのかな？　プラスサ
ズファッション誌『ラ・ファーファ』専属モデルとコンプレ
クスの正体を探しに行こう！　●1760円

ふせごう！ デジタル近視　2刷
目のことを知る・目の健康を守る

北明大洲 監修　小学生の約4割が視力1.0以下！　どうすれ
近視を防ぎ、大切な目の健康を守れるのか？　必要な情報をわ
りやすく解説！　●4180円

ウシのげっぷを退治しろ
地球温暖化ストップ大作戦

大谷智通 著・小林泰男 監修　ウシのげっぷの正体「メタン」
二酸化炭素の25倍の温室効果！？　地球温暖化対策の最先端
学を紹介する、目からウロコのノンフィクション！　●1760円

の仕事は、世界を平和にすること。 2刷

究のDOOR①)

川崎　哲 著　●1760円

官や国連職員じゃなくても、世界を平和にすることはできる！ ICAN共同
として ノーベル平和賞を受賞した著者から、若い世代へのメッセージ。

で見てわかる
兵器禁止条約ってなんだろう？ 3刷

川崎　哲 監修　●4180円

注目されているの？　どうすれば核兵器が世界からなくなるの？
器禁止条約について知りたいことがぜんぶわかる！

童養護施設という私のおうち 5刷

ることからはじめる子どものためのフェアスタート

田中れいか 著　●1760円

養護施設＝「かわいそう」はもう古い！ 児童養護施設をアップデート
、あたらしい「社会的養護」入門！

てられる食べものたち 8刷

品ロス問題がわかる本

井出留美 著　●1540円

京都民1年分の食料を捨てる国。どうする？ 食品ロス大国ニッポン！
品ロスの現状、世界と日本の食料事情などを、イラスト付きで解説。

海のプラスチックごみ 調べ大事典 6刷

保坂直紀 著　●4180円

型本】いま話題の環境問題をイラストや写真でわかりやすく説明。
ラごみ解説本の決定版！ 子どもの調べ学習に最適！！

ジラのおなかからプラスチック 14刷

保坂直紀 著　●1540円

ったなし！　海のプラごみ汚染。いま、世界がもっとも注目する「海洋
ラスチックごみ問題」がいちばんよくわかる本！

最新 ネットのキーワード図鑑

2刷

情報モラルを身につけよう！

島袋 コウ（モバイルプリンス）著　●4180円

炎上・フィッシング・ルッキズム・トーンポリシング…ネット社会に知っておきたい 49 のキーワードをイラスト・まんがで解説。

少年のための少年法入門

4刷

山下敏雅・牧田史・西野優花 監修　●1870円

僕たちは、僕たちの法律をもっと知るべきだと思う。ストーリーを読み進めながら、少年法の考え方としくみを知ることができる入門書。

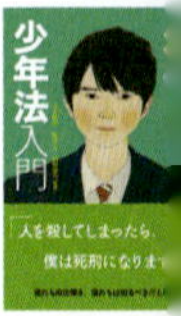

ほんとうの多様性についての話をしよう

2刷

サンドラ・ヘフェリン 著　●1760円

人気エッセイストであり、ハーフの当事者による「ほんとうの多様性」入門。みんなが居心地のいい社会をつくるためのヒントがここに。

食べものが足りない！

3刷

食料危機問題がわかる本

井出留美 著　●1540円

世界は 10 人に 1 人が飢餓状態。世界最大の課題とされる食料危機に、私たちはどう向き合うべきか。わかりやすくイラスト解説した入門書です！

18 歳成人になる前に学ぶ契約とお金の基本ルール

2刷

かしこい消費者になろう！

公益財団法人消費者教育支援センター 監修　●4180円

エステ・整形・サブスク・フリマアプリ…若者を対象にしたさまざまな消費の落とし穴と契約とお金の基本ルールについてわかりやすく解説！

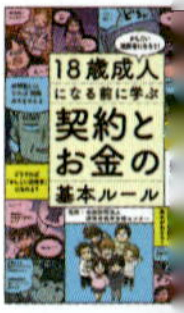

自分のミライの見つけ方

5刷

いつか働くきみに伝えたい「やりたいこと探し」より大切なこと

児美川孝一郎 著　●1540円

これまでの常識が通用しない未来を、僕たちはどう働き、どう生きるか。若い世代に向けた、まったく新しいキャリアデザインのヒント。

旬報社　YA（ヤングアダルト）シリーズ

（価格税込）
2024.09

もしもミツバチが世界から消えてしまったら

中村　純 監　有沢重雄 著

こんなにも身近で、こんなにも知らない　ミツバチにいま何が起こっているのか。驚きの生態と忍び寄る危機！　ミツバチの今と私たちのこれからを考える。 ●1870円

歳から考える戦争入門

ぜ、戦争はなくならないのか？

ユリヤ 監・長谷川敦 著・かみゆ歴史編集部 編

ルカラー地図・チャート・写真でよくわかる！第一次世界からウクライナ侵攻、パレスチナ問題まで。戦争はなぜ起のか、どうすればなくなるのか。 ●5280円

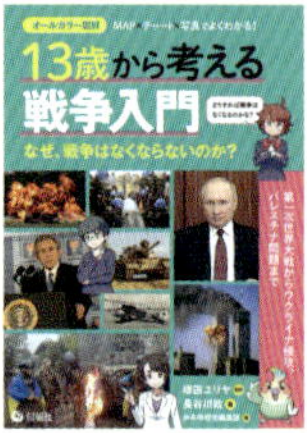

地域の特色がよくわかる！ 47都道府県おもしろ条例図鑑

長嶺超輝 著　「りんごまるかじり」に「緑茶で乾杯」!?　条例を知れば地域や社会がみえてくる！　日本全国のユニークな条例が満載。地域の特色や地方自治について楽しく学べる図鑑。 ●4180円

ョコレートを食べたことがないカカオ農園のどもにきみはチョコレートをあげるか？

理仁 著　国際協力と多文化共生をテーマにした"読むクショップ"。本文に登場するさまざまなディスカッショ通じて、新しい自分を発見できる本。 ●1870円

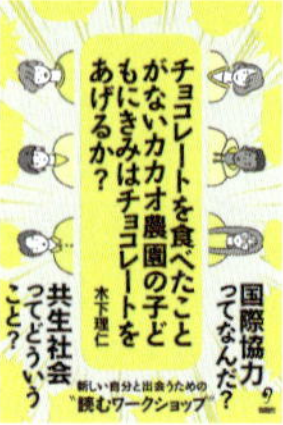

「わかり合えない」からはじめる国際協力　探究のDOOR③

吉岡大祐 著　ネパールの貧困家庭の教育支援に 25 年。徹底して現場にこだわり、悪戦苦闘しながら手作りの支援を続けてきた著者が見つけた"ほんとう"の国際協力とは？ ●1870円

たとえ自分がいなくなっても

２０１６年６月、お寺のおつとめをこなしながら、おてらおやつクラブの活動説明会にかけまわっていた松島さんは、過労《かろう》がたたって倒《たお》れてしまいました。無理をしすぎたのです。

病床《びょうしょう》で松島さんはこんなことを考えました。

〈おてらおやつクラブは、自分がいなくなってもつづいていく活動にしなくては意味がない。だれかひとりがいないと活動が止まってしまうようでは、とても持続可能《かのう》な活動とはいえない。それではおてらおやつクラブを信じて頼《たよ》ってくれるひとり親家庭、支援団体《しえんだんたい》、お寺のお坊《ぼう》さんやボランティアの人にもうしわけない。きちんとおてらおやつクラブを組織《そしき》化して、だれかひとりいなくなっても、ほかの人たちが代わりに運営《うんえい》していけるようにしなければ……〉

退院《たいいん》後、その思いを実現《じつげん》するために松島さんは動き出し、2017年8月24日（082＝おやつ・4＝フォー・エブリワンの日）、おてらおやつクラブはNPO法人[1]として再《さい》出発しました。

NPO法人化にあわせて、事務局《じむきょく》やスタッフをきちんと組織《そしき》し直し、運営《うんえい》していくための仕組みもはっきりさせました。

松島さんはNPO法人の代表となり、設立《せつりつ》メンバーのお坊《ぼう》さんたちは理事になりました。

このとき、おてらおやつクラブに参加するお寺の数は810、支援《しえん》団体《だんたい》の数は350、おすそわけを受け取る子どもの数は月に9000人ほどになっていました。

松島さんがたったひとりでおすそわけをはじめたころには、それがいずれ日本全国に広がる活動になるなどとは考えてもみませんでした。むしろ、そんなことを考えていたら、おじけづ

1　NPOとは、英語のNon-Profit Orginizationを略《りゃく》したもので、日本語では「非営利組織《ひえいりそしき》」と呼《よ》ばれています。国が定めた「特定非営利《ひえいり》活動促進《そくしん》法」にもとづき法人格《かく》を取得《しゅとく》したNPOを「NPO法人（特定非営利《ひえいり》活動法人）」といいます。通常《つうじょう》の会社が利《り》益《えき》を追求するのに対して、NPO法人は、お金をもうけるためではなく、慈《じ》善《ぜん》事業や社会貢献《こうけん》活動など、社会や地域《ちいき》に役立つ活動をおこないます。

おてらおやつクラブの事務局《じむきょく》は安養寺《あんようじ》にある

いてしまって、はじめの一歩をふみ出せなかったかもしれません。

松島さんは、ひとり親家庭支援《しえん》団体《だんたい》の代表者の「（食料支援《しえん》が）まだ、ぜんぜん足りてへんのです」という言葉を、聞かなかったことにはできなかっただけなのです。

それは松島さんがお坊《ぼう》さんになってからというもの、ずっと考えつづけてきた〈人を助けるとはどういうことか〉という問いへの答えになると考えたからです。

自分ひとりでできる小さな行動

をはじめ、目先の問題を解決《かいけつ》しようと取り組んでいるうちに、気がついたらいつのまにか全国規模《きぼ》の活動になっていた……それがほんとうのところです。

たいせつなことは、自分の目の前にある課題に対して「いま自分になにができるか?」と考え、小さなことでもいいから、まず行動してみることです。一歩ふみ出せば、つぎの一歩をどこに出せばいいのかがわかり、しだいに進むべき方向がはっきりしてくるはずです。

もし、どうしたらいいのかわからなくなったり、進むべき方向に迷《まよ》ったりしたら、仲間と相談すればいいのです。

2020年11月、おてらおやつクラブは、より高い公益性《こうえきせい》を国から認《みと》められた認定《にんてい》NPO法人[2]になりました。

2 認定《にんてい》NPO制度は、社会に役立つ活動をしているNPO法人をサポートするために国が用意した仕組みです。具体的には、そのNPO法人の活動資《し》金《きん》を確保《かくほ》するために、個《こ》人《じん》や企業《きぎょう》から寄付《きふ》をしやすくするという税制優遇《ぜいせいゆうぐう》制度《せいど》があります。たとえば、個人《こじん》や企業《きぎょう》が認定《にんてい》NPO法人に寄付《きふ》をすると、国に納《おさ》めなくてはならない税金《ぜいきん》を減《へ》らしてもらえるのです。おてらおやつクラブは、活動を応援《おうえん》してくれる人たちからの寄付金《きふきん》で、ひとり親家庭の支援《しえん》活動をおこなっています。ですから、活動をつづけていくためにも、寄《き》付《ふ》をしてもらいやすく

仕組みの美しさでグッドデザイン大賞《たいしょう》

　使いやすさ、見た目の美しさなどのデザインの良し悪しは、商品にとってきわめて重要な要素《ようそ》です。

　おてらおやつクラブは、その年のもっともすばらしいデザインに対して贈《おく》られる「グッドデザイン大賞《たいしょう》[3]」を２０１８年に受賞《じゅしょう》しています。

　グッドデザイン賞《しょう》には、それまでソニーのペットロボット「アイボ」やトヨタのハイブリット自動車「プリウス」などの工業製品《せいひん》が選ばれてきました。

　しかし、その年は全国から４７８９件《けん》の応募《おうぼ》があった中から、おてらおやつクラブが最優秀賞《ゆうしゅうしょう》の大賞《たいしょう》に選ばれたのです。

ることはとてもたいせつなことなのです。NPO法人は全国に約5万団体《だんたい》ありますが、認定《にんてい》NPO法人となっているのは、そのうちのたった1291団《だん》体《たい》です（2024年8月7日現在《げんざい》）。NPO全体のうちの、たった2%です。認《にん》定《てい》されることは、それくらいむずかしいことなのです。

受賞《じゅしょう》の決め手となったのは、活動の「仕組みの美しさ」でした。それまでのように、ロボットや自動車といったモノではなく、活動の仕組みという目に見えないものがデザインとして評価《ひょうか》されたのです。そんなことはこれまでありませんでした。発表をおこなった会場にざわめきが広がりました。

グッドデザイン賞《しょう》を主催《しゅさい》する公益財団《こうえきざいだん》法人デザイン振興会《しんこうかい》は、受賞《じゅしょう》理由をつぎのように説明しています。

「従来《じゅうらい》、寺院が地域《ちいき》社会で行ってきた営《いとな》みを現代《げんだい》的な仕組みとしてデザインし直し、寺院の『ある』と社会の『ない』を無理なくつなげる優《すぐ》れた取り組み。地域《ちいき》内で寺院と支援《しえん》団体《だんたい》を結んでいるため、身近な地域《ちいき》に支《ささ》えられているという安心感にもつながるだろう。それができるのは、寺院が各地域《ちいき》にくまなく分布《ぶんぷ》するある種のインフラだからだ。全

3　「グッドデザイン賞《しょう》」というのは、公益財団《こうえきざいだん》法人デザイン振興会《しんこうかい》の主催《しゅさい》する総合《そうごう》的なデザインのコンクールのことで、「グッドデザイン大賞《たいしょう》」はその最優秀《ゆうしゅう》賞《しょう》。

グッドデザイン賞の授賞式（2018年）

国800以上の寺院が参加する広がりも評価《ひょうか》ポイントのひとつであった。活動の意義《いぎ》とともに、既存《きそん》の組織《そしき》・人・もの・習慣《しゅうかん》をつなぎ直すだけで機能《きのう》する仕組みの美しさが高く評価《ひょうか》された」

おてらおやつクラブとしては、〈世の中に活動を知ってもらいたい〉という期待から応募《おうぼ》したのですが、思いがけずグッドデザイン大賞《たいしょう》を受賞《じゅしょう》したことで、これまで接点《せってん》のなかったさまざまな人に活動を知ってもらえる、いいきっかけとなりました。

そしてグッドデザイン大賞《たいしょう》としてお墨《すみ》つきをもらえたことで、松島さんたちは自分たちの活動にさらに自信をもつことができるようになりました。

「いっしょにやりましょう」と企業《きぎょう》からも

グッドデザイン大賞《たいしょう》の受賞《じゅしょう》後、さまざまな企業《きぎょう》が「いっしょになにかをしましょう」と企画《きかく》のアイデアを持って来てくれるようになりました。

あるフィットネスクラブは会員がランニングマシンで走った消費《しょうひ》エネルギー分を、あるサッカー選手は試合でゴールを決めるたびに自分の背番号《せばんごう》の数だけ、どちらも栄養補助《ほじょ》食品を贈《おく》ってくれるようになりました。

そんな企業《きぎょう》のひとつに株式《かぶしき》会社フェリシモがあります。

フェリシモは、かわいらしい生活雑貨《ざっか》や衣料品などを扱《あつか》い、幅広《はばひろ》い年代の女性《じょせい》に人気があるカタログ通信販売《はんばい》会社です。

コロナ禍《か》に入り、フェリシモは「みんなでおそなえギフト」という取り組みをはじめました。これはフェリシモのお客さんやおてらおやつクラブの支援者《しえん》が、おそなえを共同で購入《こうにゅう》する仕組みです。

1口100円から購入《こうにゅう》することができ、金額《きんがく》が8000円になると、お菓子《かし》やお米、レトルト食品などの詰《つ》め合わせ1箱が、お寺におそなえされるのです。お寺でお経《きょう》をあげてもらったおそなえギフトは、仏《ほとけ》さまのおさがりとして、困《こま》りごとを抱《かか》えているひとり親家庭に配送される仕組みになっています。

フェリシモの担当《たんとう》者は、「みんなでおそなえギフト」に取り組む意義をつぎのように説明しています。

「ひとりが声をあげて支援《しえん》することもできますが、かなりハードルが高いです。そのような思い切った行動ができない人もいるのではないでしょうか。でも、みんなといっしょに、少しずつ、だれかのために行動できる入り口があるとすればどうでしょう。毎月、自分のためになにかを買うとき、だれかのために買いものもする。そんなちょっとした行動に1口100円という手軽さで参加できます」

フェリシモのおてらおやつクラブへの支援《しえん》には、さまざまな社員がたずさわっています。たとえば募金《ぼきん》つき商品の場合は商品プランナーの呼《よ》びかけではじまりました。「みんなでおそなえギフト」の場合は、それぞれの部署《ぶしょ》にいるプロフェッショナルが、おたがい意見を出し合い、相談して、企画《きかく》をまとめたものです。

フェリシモの公式サイトには、活動目標として「ともにしあわせになるしあわせ」が掲《かか》げられています。

フェリシモ以外にも、多くの企業《きぎょう》のおてらおやつクラブに協力を申し出ています。そのいくつかをご紹介《しょうかい》します。

・ユーハイム

ユーハイムは、1909年に創業《そうぎょう》したバウムクーヘン等のドイツ菓子《がし》を製造《せいぞう》販《はん》売《ばい》する会社です。

バウムクーヘンをつくっていると、味はちっとも変わらないのに、見た目が少しばかり悪いために売りものにならない食品ロスが発生します。そこでユーハイムは、自社が主催《しゅさい》して百貨店などで毎年開催《かいさい》される「バウムクーヘン博覧会《はくらんかい》」において、「シェア・ザ・バウム」と銘打《めいう》って「ロスバウムクーヘン」を売ることにしました。その売上金額《きんがく》分のバウムクーヘンをおてらおやつクラブに贈《おく》っています。

・奈良交通

奈良県で観光バスや路線バスを運行している奈良交通は、おてらおやつクラブを通じて、県内のミスタードーナツの店舗《てんぽ》がある市町村のひとり親家庭を対象《たいしょう》に、ドーナツ6個《こ》を毎月75世帯におすそわけするクーポンを配る取り組みをおこなっています（2023年10月～2024年9月）。一年間におすそわけする合計5400個《こ》のドーナツのお金はすべて奈良交通が払《はら》います。

・おやつカンパニー

「ベビースターラーメン」で知られるおやつカンパニー。

創業《そうぎょう》者の故《こ》松田由雄《よしお》さんが即席《そくせき》めんの製造工程《せいぞうこうてい》で出る麺《めん》のかけらを「もったいない」と思い、味をつけて従業員《じゅうぎょう》のおやつとして出したところあまりにおいしかったので、子ども向けスナック菓子《かし》としてつくるようになったそうです。

「食品を無駄《むだ》にしない」「子どもたちの空腹《くうふく》を満たす」というふたつの点からおてらおやつクラブの活動に共感し、商品を贈《おく》ってくれるようになりました。

・石井食品

「おべんとクン　ミートボール」「チキンハンバーグ」などで子どもたちにも人気の石井食品は、2019年から、賞味期限《しょうみきげん》内にもかかわらず市場に出荷できない商品をおてらおやつクラブに寄付《きふ》しています。石井食品では、人気商品の「おべんとクン　ミートボール」など食品ロスとなる可能性《かのうせい》がある商品を寄付《きふ》することで、その削減《さくげん》にもつながっています。

「賞《しょう》味《み》期《き》限《げん》」と「消《しょう》費《ひ》期《き》限《げん》」のちがい

「賞《しょう》味《み》期《き》限《げん》」という言葉が出てきました。似《に》たような言葉で「消《しょう》費《ひ》期《き》限《げん》」があります。似《に》ている言葉でかんちがいして覚えている人がいるので、ここで説明しておきましょう。

「賞《しょう》味《み》期《き》限《げん》」は日持ちする缶詰《かんづめ》やパスタなどの乾《かん》めん、レトルト食品などに表示《ひょうじ》される「おいしさのめやす」です。食品メーカーは国のガイドラインに沿《そ》って「微《び》生《せい》物《ぶつ》試験」「理化学試験」「官《かん》能《のう》検《けん》査《さ》」から算出した期間に1より小さい「安全係数」をかけて「賞《しょう》味《み》期《き》限《げん》」を設《せっ》定《てい》しています。

安全係数は各メーカーが決めますが、国のガイドラインでは0・8以上にすることが推奨《すいしょう》されています。

たとえば、じっさいには10カ月おいしさを保《たも》つことができるカップ麺《めん》のような食品であっても、安全係数0・8をかけると、賞味期限《しょうみきげん》は8カ月となり、じっさいよりも2カ月短くなってしまいます。

ひとたび出荷されると、食品は店頭で直射日光《ちょくしゃにっこう》にさらされたり、真夏に購入《こうにゅう》した消費者《しょうひしゃ》の車のトランクに置き去りにされたり、さまざまな条件下《じょうけんか》に置かれる可能性《かのうせい》があります。そのため、食品メーカーは食中毒《しょくちゅうどく》などのリスクを考え、賞味期限《しょうみきげん》を短めに設定《せってい》することが多いのです。

10カ月はおいしく食べられる食品を8カ月と短い賞味期限《しょうみきげん》にして販売《はんばい》しているわけですから、保管《ほかん》方法さえまちがっていなければ、賞味期限《しょうみきげん》が切れても多少風味は落ちるかもしれませんが、食べられなくなるわけではありません。多くの食品は、保存《ほぞん》方法として「直射日光《ちょくしゃにっこう》を避《さ》ける」「高温高湿《こうしつ》の場所を避《さ》ける」と書かれています。そのように、正しい保存《ほぞん》方法で保存《ほぞん》してもらえれば、リスクを考えて短めに設定《せってい》した賞味期限《しょうみきげん》よりも長く食べることができます。

一方、「消費期限《しょうひきげん》」は日持ちしないお弁当《べんとう》やおにぎり、お惣菜《そうざい》、サンドイッチのような調理パン、生クリームのケーキなどに表示《ひょうじ》される「食べても安全な」期限《きげん》のことです。コンビニやスーパーで売っているおにぎりや弁《べん》当《とう》には、日にちだけでなく、時刻《じこく》まで書いてあるものがありますね。消費《しょうひ》期限《きげん》が過《す》ぎると品質《ひんしつ》が急激《きゅうげき》に劣化《れっか》するため、書いてある期限《きげん》をしっかり守って食べる必要があります。

おすそわけで災害支援《さいがいしえん》

２０１９年10月、台風19号によって長野県は大きな被害《ひがい》を受けました。県内を流れる千曲川《ちくまがわ》が決壊《けっかい》し、８３００棟《むね》あまりの家屋が浸水《しんすい》などの被害《ひがい》を受け、多くの人命が失われています。

このとき、おてらおやつクラブは、おすそわけを災害支援《さいがいしえん》に切り替《か》え、被災地《ひさいち》に支援物資《しえんぶっし》を送ることを決めました。災害支援《さいがいしえん》には、それまでの活動を通してできた被災地《ひさいち》のお寺とのネットワークが役に立ちました。いきなり知らないところに物資《ぶっし》を送るのはむずかしいものですが、災害《さいがい》が起きる前からお寺どうしが知りあいになっていたおかげで、支援物資《しえんぶっし》をスムーズに送ることができたのです。

さらに翌《よく》２０２０年7月、今度は九州で豪雨災害《ごううさいがい》が起きると、前年に支援《しえん》を受けた長野のお寺が恩返《おんがえ》しとして被災地《ひさいち》に物資《ぶっし》を送るという支援《しえん》の輪ができました。

また、おてらおやつクラブの事務局《じむきょく》では、集まった義援《ぎえん》金を被災《ひさい》地に送りました。

現在、事務局《じむきょく》では、震度《しんど》6以上の地震《じしん》や豪雨災害《ごううさいがい》が起こると、おてらおやつクラブに参加している被災地域《ひさいちいき》のひとり親家庭、団体《だんたい》、寺院に状況確認《じょうきょうかくにん》とお見舞《みま》いの連絡《れんらく》を入れるようにしています。

そこで現場《げんば》の生の声を聞いて、必要なものを被災地域《ひさいちいき》以外の寺院に協力してもらい、おすそわけするようにしているのです。

おてらおやつクラブには、災害《さいがい》が起こってから〈自分たちになにができるだろう〉と考えはじめるのではなく、ふだんから地域《ちいき》でおこなっているおすそわけの延長《えんちょう》として被害《ひがい》に対応《たいおう》できるという強みがあります。

これは、日常《にちじょう》の活動が有事の備《そな》えになるという好例です。そして忘《わす》れてほしくないのは、貧困《ひんこん》家庭にとっては日常《にちじょう》がすでに有事、非常事態《ひじょうじたい》であるということです。

第4章

そして、コロナを乗り越《こ》えて

「助けて！」——コロナで届《とど》いた大量の声

２０２０年１月15日、日本ではじめて新型《しんがた》コロナウイルスに感染《かんせん》した患者《かんじゃ》が確《かく》認《にん》されました。当初は専門《せんもん》家も「人から人への感染《かんせん》はない」と説明し、ＷＨＯ（世界保健機構《ほけんきこう》）も「国際《こくさい》的に懸念《けねん》される公衆衛生《こうしゅうえいせい》上の緊急事態《きんきゅうじたい》にはあたらない」と表明していました。

しかしその後、人から人への感染《かんせん》が確認《かくにん》されると、拡大防止《かくだいぼうし》のために最初に感《かん》染者《せんしゃ》の見つかった中国の武漢《ぶかん》市が都市封鎖《ふうさ》され、ひとっ子ひとりいない街の風景がニュースとして世界中に配信されました。

そして最初の感染《かんせん》例が報告《ほうこく》されてからひと月とたたないうちに、中国の感染者《かんせんしゃ》数は７０００人をこえ、死者数も１００人をこえました。報告《ほうこく》される死者数が急《きゅう》増《ぞう》すると一気に空気が変わっていきました。

ＷＨＯも1月30日になって、ようやく「国際的《こくさい》に懸念《けねん》される公衆衛生上《こうしゅうえいせい》の緊急《きんきゅう》事態《じたい》」だと宣言《せんげん》しましたが、すでに手遅《ておく》れでした。

3月に新型《しんがた》コロナウイルスが「パンデミック」に入ったことをＷＨＯも認《みと》め、世界各国で感染者《かんせんしゃ》は急増《きゅうぞう》し、都市封鎖《ふうさ》に踏《ふ》み切る国が増《ふ》えていきました。

日本では２０２０年2月末、国が突然《とつぜん》、全国すべての小学校、中学校、高校の一斉《いっせい》休校を指示《しじ》しました。そのため、直後からおてらおやつクラブの事務局《じむきょく》には「食料支援《しえん》を受けたいがどうしたらいいか」との問い合わせが届《とど》くようになりました。

そして3月に小中学校が一斉《いっせい》休校に入って学校給食がなくなると、全国のひとり親から「助けて」という声が事務局《じむきょく》にどっと寄《よ》せられるようになったのです。

たとえば、こんな声です。

「コロナの影響《えいきょう》で仕事がなくなり、今日明日、何食べようという状況《じょうきょう》の中で、ネットでおすそわけを知り、すがる思いで連絡《れんらく》させていただきました」

（30代母親、子ども1人）

「コロナが流行してから食費《しょくひ》がはねあがって、いまは野菜の高騰《こうとう》で、じゃがいも1個《こ》買うにも悩《なや》んでいます。明日食べる米がないときもありました」

（40代母親、子ども1人）

「コロナの前でも生活が苦しかったのに、コロナでもっと苦しくなり、お恥《は》ずかしながらその日暮《ひぐ》らしです。頼《たよ》れるところがなく、子どもに不安をあたえないよう、ひとりでがんばっていますが、以前と違って仕事も少なくなり、とてもお菓子などを買ってあげられる余裕がありません」

（20代母親、子ども3人）

「コロナ感染《かんせん》で行政《ぎょうせい》から『だれかに頼《たよ》って食べものをもらってください』と言われました。まわりに頼《たよ》れる人もいないので、今回お願いしてみました」
（30代母親、子ども４人）

学校が一斉《いっせい》休校になると、子どもたちはずっと家にいるので食費《しょくひ》や光熱費《ひ》などの生活費《ひ》が増《ふ》えます。その一方で、感染対策《かんせんたいさく》として飲食店や映画《えいが》館などが営業《えいぎょう》を自粛《じしゅく》し、そこで働いていた母親たちは仕事を失いました。

また、パートやアルバイトなど非正規雇用《ひせいきこよう》として働く母親は有給休暇《きゅうか》をとらせてもらえないことが多く、仕事を休むとお給料は出ません。学校が休校になって家にいる子どもを放っておけず、仕事に行けない日がつづくと収入《しゅうにゅう》はとだえてしまいます。

そこには子どもにひもじい思いをさせている自分を恥《は》じ、無力感にさいなまれているひとり親たちの姿《すがた》がありました。

〈信号機でいえば、黄色信号でふみとどまっていた多くのお母さんたちが、コ

ロナでいっきに赤信号になってしまった。このままでは生きる気力をなくして、新たな悲劇《ひげき》が起きてしまうのではないか……〉

当時、松島さんはそのことが心配でなりませんでした。

仏《ほとけ》さまはだれも見《み》捨《す》てない

はじめのうち、おてらおやつクラブでは、連絡《れんらく》してきた人に無料で食料がもらえるフードバンクなどの支援団体《しえんだんたい》を紹介《しょうかい》していました。

しかし、中には、「明日食べるものがない」という人も多く、その場合はすぐに食べものを送る必要がありました。事務局《じむきょく》から直接《ちょくせつ》ひとり親家庭に「おすそわけ」を送らざるをえない状況《じょうきょう》になっていったのです。

それまでおてらおやつクラブでは、ＳＯＳの声は決して切り捨《す》てないと決めて

いました。ただ、コロナ禍《か》で急増《きゅうぞう》する「いますぐに支援《しえん》してほしい」という声にどう対応《たいおう》していくか、理事のあいだで意見がわかれました。

「これまでにない緊急事態《きんきゅうじたい》なんだから、これまでとはちがう支援《しえん》のかたちがあってもいいのではないですか。直接支援《ちょくせつしえん》を求める人がこんなに多いのなら、きちんと応《こた》えていかないと」

「直接支援《ちょくせつしえん》をおこなっても、ひとり親家庭それぞれの抱《かか》える複雑《ふくざつ》な問題に対処《たいしょ》できず、期待だけ持たせておいて、なにもできなくなる恐《おそ》れがある。それだったら、はじめからやらないほうがいい」

直接支援《ちょくせつしえん》を求める声に応《こた》えて、ひとり親家庭にお寺から直接《ちょくせつ》おすそわけをしようと主張《しゅちょう》する理事もいれば、これまでのように子どもの貧困《ひんこん》問題をサポートする支援団体経由《しえんだんたいけいゆ》の間接支援《かんせつしえん》をつづけるほうがいいと主張《しゅちょう》する理事もいました。

たしかに、いったん引き受けてしまうと、クチコミの力で直接支援《ちょくせつしえん》を希望する人がどんどん増《ふ》えていき、食べものが足りなくなったり、配送のための資金《しきん》が不足してしまう恐《おそ》れがありました。

いろいろな意見が飛び交い、まとまる気配はありません。しかし、そのときひとりの理事がこう言いました。

「じゃあ、いったいだれが助けるんですか？」

その言葉にほかの理事たちはだまりこみました。

「行政《ぎょうせい》にもフードバンクのような支援団体《しえんだんたい》にも頼《たよ》れずに、おてらおやつクラブを頼《たよ》ってきた人たちを、わたしたちが助けないでいったいだれが助けるんですか？　仏さまはだれも見捨てません。お寺も本来そういう場所のはずじゃないんですか？」

反論《はんろん》はありませんでした。

こうしておてらおやつクラブは、コロナ禍《か》で支援《しえん》を求める声に応《こた》え、おそなえをひとり親家庭に直接《ちょくせつ》送ることを決めました。

「自助」と言われてもどうすれば

コロナ禍《か》では「自助・共助・公助」という言葉をよく耳にしました。自分でがんばってどうにかするという「自助」、身近な人同士《どうし》で手をさしのべあう「共助」、そして国や県、市町村など自治体の行政《ぎょうせい》機関による支援《しえん》が「公助」です。コロナ禍《か》で総理《そうり》大臣となった菅義偉《すがよしひで》首相（当時）が、めざす社会の姿《すがた》として「自助・共助・公助」をかかげたことで、この言葉が世間の注目を集めることになりました。

菅《すが》首相は国民にむけて、「まずは自分でやってみる。そして、地域《ちいき》や家族がおたがいに助けあう。そのうえで政府《せいふ》がセーフティーネットでお守りします」と説明しました。

子どもの貧困《ひんこん》が深刻《しんこく》なのは、ひとり親家庭の中でもとくに母子家庭です。「まずは自助。自分でやってみて」といわれても、母子家庭では、日常《にちじょう》生活がすでにぎりぎりなのです。お母さんがコロナに感染《かんせん》したり、仕事を失ったりしたら、それで収入《しゅうにゅう》はなくなり、もう自分たちでどんなにがんばっても暮《く》らしていけません。

「地域《ちいき》や家族がおたがいに助けあう共助」といっても、シングルマザーは「かってに離婚《りこん》して」「結婚《けっこん》もせずに子どもを産んで」「自己責任《じこせきにん》でしょう」というまわりのきびしい視線《しせん》にさらされて、「自分が悪いのだから、自分でなんとかしないといけない」「まわりの人もがんばっているのだから自分だけ甘《あま》えるわけにはいかない」と自らをどんどん追いこんでしまい、家族や親戚《しんせき》、友人などの身近な人にも「助けて」と言い出すことすらできません。

日本人は、自分の弱さをほかの人に知られることが恥《は》ずかしいと思いがちです。助けを求めることで、まわりから「あの人は弱い人だ」「あの人はダメな人だ」と思われるくらいなら、がまんしたほうがましだと考えてしまうのです。

〈顔の見える関係で助けあうどころか、おたがいを監視《かんし》しあうようになったのが、このコロナ禍《か》ではなかったか〉と松島さんは考えています。

当時、感染者《かんせんしゃ》が出ると、患者《かんじゃ》の住所・氏名・所属《しょぞく》する企業《きぎょう》名や学校名がインターネットにさらされ、はげしくたたかれました。

行政《ぎょうせい》の自粛指示《じしゅくしじ》にしたがわず、営業《えいぎょう》をつづける飲食店をたたく「自粛警察《じしゅくけいさつ》」に、マスクをしていない人を非難《ひなん》する「マスク警《けい》察《さつ》」もあらわれました。

都道府県をまたぐ不要不急の移動《いどう》はひかえるようにいわれ、他県のナンバープレートの車が走っていると、白い目で見られ

1　「扶養照会《ふようしょうかい》」のこと。生活保護《せいかつほご》制度《せいど》では、自治体が生活保護《せいかつほご》を申請《しんせい》した人の親族（親・子・きょうだい・祖父母《そふぼ》・孫）に対して「援助《えんじょ》できるか」を問い合わせる

たり、車体にキズをつけられたりするなどのいやがらせを受けました。

〈だれにとってもたいへんでストレスばかりのコロナ禍《か》を乗りきるには、おたがいに助けあう社会が必要だったはずなのに、逆《ぎゃく》におたがいを監視《かんし》しあうようなギスギスした社会になってしまったのではないか〉

「公助」といっても、生活保護制度《せいかつほごせいど》の申請《しんせい》は複雑《ふくざつ》でわかりにくく、審査《しんさ》もきびしいことから、国や市町村など行政《ぎょうせい》の支援《しえん》をあきらめてしまう人も少なくありません。

たとえば生活保護《せいかつほご》の申請窓口《しんせいまどぐち》に知り合いがいて相談がしにくかったり、申請《しんせい》するには人に知られたくないことまで話さなくてはならなかったり、その人の親族がほんとうに援助《えんじょ》できないのかを調査《ちょうさ》[1]されるため、精神的《せいしんてき》な負担《ふたん》が大きく申請《しんせい》をあきら

仕組みになっています。親族などの扶養義務者《ふようぎむしゃ》による扶養《ふよう》が「保護《ほご》に優先《ゆうせん》する」という規定《きてい》があるためです。ただし扶養《ふよう》照会をおこなっても、親族による仕送りにつながるのは約0・7％程度《ていど》で、生活保《せいかつほ》護《ご》の必要な生活水準《すいじゅん》でもじっさいに受給しているのは2～3割《わり》とする推計《すいけい》もあります（朝日新聞デジタル、2023／3／27）。生活困《こん》窮《きゅう》者を対象《たいしょう》にした調査《ちょうさ》によると、現在《げんざい》、生活保護《せいかつほご》を利用していない人の3人に1人（34・4％）は、利用していない理由として「家族に知られるのがイヤだから」と回答しているといいます（朝日新聞論座《ろんざ》アーカイブ、2021／2／24）

めてしまう人がいるのです。

また、交通の不便な地方では車は必需品《ひつじゅひん》です。車がないと、仕事や買いもの、病院、役場にも行くことができません。

でも、車がぜいたくな資産《しさん》と見なされ、車を持っている人は生活保護《せいかつほご》を受けられないケースもあります。

生活保護制度《せいかつほごせいど》など国による「セーフティネット」も、こうした理由によってじっさいは機能《きのう》していないことも多く、そこからこぼれ落ちてしまう人がいる。それが現実《げんじつ》なのです。

おてらおやつクラブが「かけこみ寺」に

生活保護《せいかつほご》の申請《しんせい》はしづらい。おてらおやつクラブはそうした人たちからも頼《たよ》ってもらえ、安心して「おすそわけ」を受け取ってもらえました。

お寺というのはふしぎな場所です。むかし、お寺には「かけこみ寺」や「寺子屋」という役割《やくわり》があって、だれかに追われている人をかくまったり、子どもたちに「読み書きそろばん」を教える学びの場であったりしました。そんなこともあって、ひとり親家庭のお母さんにも、お寺というのは自分たちを守ってくれる場所という意識《いしき》が心のどこかにあるのかもしれません。

おすそわけを受け取ったお母さんたちは、行政《ぎょうせい》の支援《しえん》につきものの審査《しんさ》もなく、すぐに食べものが届《とど》くことに驚《おどろ》くそうです。早ければその日のうちに、おそくても3日以内には「おすそわけ」が届《とど》きます。

おてらおやつクラブでは、いつもは「助けて」と言えないお母さんたちが声をあげざるをえないほど追いつめられているのだから、「おすそわけ」を無条件《むじょうけん》ですぐに送るようにしています。

〈とにかく声をあげてくれたお母さんたちに、「助けて」と声に出すことで、その先のなにかに「つながる」ということを実感してもらいたい。「助けて」と声をあげれば、きっとだれかが助けてくれると信じられるようになったら、母子が食べるものもなく、おなかをすかせて死んでしまった大阪の事件《じけん》のような悲劇《ひげき》を防《ふせ》ぐことができるはず〉

松島さんは、そう考えています。

「助けてって言ってもええねんで、と伝えたい」

ひとり親家庭の支援《しえん》をしているある団体《だんたい》の代表がそう語っていました。それはおてらおやつクラブの活動に参加しているみんなの思いでもあります。

食べものや生活必需品《ひつじゅひん》をおすそわけすることもたいせつですが、孤立《こりつ》している人たちが「助けて」と声をあげられる環境《かんきょう》を用意することもおてらおやつクラブの重要な役割《やくわり》なのです。

困《こま》ったときはおたがいさまなのだから、「助けて」と言ってだれかを頼《たよ》ればいい。それで救《すく》われたのなら、いつかべつのだれかに「恩送《おんおく》り」すればいいのです。そんなゆるくてあたたかい助けあいの輪が、水面の波紋《はもん》のように広がっていくことを願うばかりです。

匿名《とくめい》配送でより多くの支援《しえん》が可能《かのう》に

おてらおやつクラブでは、コロナ前までボランティアの人たちに手伝ってもらい、おそなえの仕分けや発送をしていました。ところがコロナの感染症対策《かんせんしょうたいさく》で3密《みつ》[2]をさけるため、ボランティアたちに集まってもらうことができなくなってしまいました。

そこで、事務局《じむきょく》のスタッフだけで連日連夜、仕分け、梱包《こんぽう》、

2 「3密《みつ》」とは、コロナの感染症対策《かんせんしょうたいさく》の「3つの密《みつ》（密閉《みっぺい》・密集《みっしゅう》・密接《みっせつ》）」のこと。「密閉《みっぺい》」空間にしないように、こまめな換気《かんき》をすること。「密集《みっしゅう》」しないように、人と人の距離《きょり》をとること。「密接《みっせつ》」した会話をさけること。

発送をつづけていましたが、コロナの流行がはじまって一年がたとうとしているのに終わりは見えず、むしろウイルスの感染力《かんせんりょく》は強くなり、感染者《かんせんしゃ》がますます増《ふ》えていきました。

直接支援《ちょくせつしえん》を求める声も日に日に増《ふ》えていき、やむことはありません。

このまま全国のひとり親家庭にむけて、事務局《じむきょく》から毎日おすそわけを送りつづけるのは限界《げんかい》に近づいていました。

もしも、おてらおやつクラブに参加している全国のお寺とひとり親家庭を「つなぐ」ことができれば、事務局《じむきょく》に集中している負担《ふたん》もだいぶ楽になります。ただ、そのときいちばん考えなくてはいけないことは、個人情報《こじんじょうほう》をどう保護《ほご》するかでした。

コロナ前のようにフードバンクや子ども食堂《しょくどう》への間接支援《かんせつしえん》であれば、それぞれのお寺がひとり親家庭の個人情報《こじんじょうほう》を扱《あつか》う必要はありません。

ところが、おてらおやつクラブに参加している全国のお寺から直接《ちょくせつ》おすそわけ

毎月たくさんの家庭に食料を届けつづけている

をしようとすると、住所・名前・電話番号を宅配便《たくはいびん》の送《おく》り状《じょう》に書く必要があり、ひとり親家庭が信頼《しんらい》して事務局《じむきょく》にあずけてくれた個人情報《こじんじょうほう》を外に出すことになってしまうのです。

個人情報《こじんじょうほう》を出さずにおすそわけを送る方法はないものか……。

そんなとき、あるネットフリーマーケットが、商品を売る人も買う人も個《こ》人情報《じんじょうほう》を相手に知らせることなく配送できる「匿名《とくめい》配送」というサービスを提供《ていきょう》していることを知りました。さっそくそのサービスをおこなっている宅《たく》配便《はいびん》業者に相談してみると、おてらおやつクラブの事務局《じむきょく》がマッチングさせた全国のお寺とひとり親家庭を、それぞれ匿名《とくめい》にしたまま配達してもらうことができるようになりました。

また、おてらおやつクラブは2021年の夏から、ひとり親家庭の父母が日常《にちじょう》的に使っているLINE（ライン）でも相談を受け付けるようにしました。LINEをはじめたことで、ひとり親家庭とおてらおやつクラブはまさに手のひらの中でつながることができるようになったのです。

こうしておてらおやつクラブは、コロナ禍《か》にLINEやEメールで届《とど》くSOSに、支援団体《しえんだんたい》を経由《けいゆ》せず、全国にある1800のお寺から直接《ちょくせつ》おすそわけを届《とど》ける支援《しえん》事業をはじめました。

はじめての緊急事態宣言《きんきゅうじたいせんげん》が出された2020年4月に350世帯だった直接支援《ちょくせつしえん》は、2022年4月には6200世帯と、2年間で20倍近くに増《ふ》えました。

おてらおやつクラブは、活動をはじめたころ、子どもの貧困《ひんこん》問題に取り組む支《し》援《えん》団《だん》体《たい》を間《かん》接《せつ》支《し》援《えん》し、地域《ちいき》でひとり親家庭や子どもを見守っていけるような関係をつくることを目標にしていました。

しかし、これほど多くの人が直《ちょく》接《せつ》支《し》援《えん》を求めてくるということは、つまり、市町村などの行政《ぎょうせい》とも、フードバンクや子ども食堂《しょくどう》のような支《し》援《えん》団《だん》体《たい》ともつながることのできない人がそれだけいることのあらわれといえます。

子どもの「おかわり！」が聞けた

ひとり親家庭の親子からは、こんな声が届《とど》きました。

「いつも満《まん》腹《ぷく》になっていないのに『おいしいけど、おなかいっぱいだから残していい？　ママ、食べてくれる？』と、息子の分しか用意しないわたしに少しでも食べてもらおうとする息子から、久《ひさ》びさに気持ちのいい『おかわり！』

が聞けました。６歳《さい》の子どもにこんなに遠慮《えんりょ》させてしまう生活でほんとうに母親として苦しいのに、とてもやさしいメッセージまでくださり救《すく》われる思いです。感謝《かんしゃ》しかありません」（30代母親、子ども１人）

「おやつクラブに登録して２日後、荷物が届《とど》きビックリ。手書きのお手紙と手づくりのマスクに涙《なみだ》があふれてきました。おやつ、日用品、お米など、ありがたかったです。見守られている、ひとりじゃないんだと感じられたことがなによりうれしかったです。おそなえを下さった方、事務局《じむきょく》の方、ほんとうにありがとうございました」（50代母親、子ども３人）

「事務局《じむきょく》からのメールをいただいて、たいへんって言っていいんだって思えました。今までは、自分たちよりたいへんな人はいっぱいいるし、なによりわたしたちは自己責任《じこせきにん》だし…と思って、なかなか自分の家の状況《じょうきょう》を言えませんでした。やさしいお気づかいにはげまされました。気にかけてくださってありがとうございます」

（30代父母、子ども3人）

「おてらおやつクラブのみなさまへ
たくさんしょくざいをありがとうございました。ぼくはお菓子《かし》が大すきなのでうれしかったよ。いまコロナがはやっているので、おかいものもあまりいかなくなったからママもよろこんでたよ。ぼくたちが大すきなカレーが入ってたのでママといっしょにつくるよ。ありがとう。
みんなも、てあらい、うがいをちゃんとしてきをつけてください」

「コロナ禍《か》の2年、子どもに市販《しはん》のおやつを買ってあげられなかった。保育《ほいく》園でしかおやつはないと思っていた子どもは、とてもよろこんで、おすそわけいただいたクッキーの箱をベッドに持ちこみ、『あした食べるんだー♪』といっしょに寝《ね》ていた。ほんとうにありがたく涙《なみだ》が出た。もともと食費《しょくひ》をぎりぎりまで切りつめており、自分の食事は水道水と食パン一枚《まい》でしのいでいま

した。米は子ども用。また1カ月生きていけるという安心と、先行きの見えない不安が混在《こんざい》している」（30代母親、子ども1人）

「届《とど》いた段《だん》ボールを開けながら小学生の2人はわー！と歓声《かんせい》を上げて目をかがやかせ、高校生の娘《むすめ》とわたしは手づくりのマスクに感動して顔を手でおおって泣いてしまいました。入っていたお手紙を見て、ああ、子どもたちにはおばあちゃんはいないけど、会ったことがなくても、こうして気にかけてくださる人がいるんだと、とても励《はげ》まされました。ひとつひとつのお品物が、どなたかが手でていねいに包んでくださっているのが伝わってきました。ほんとうにありがとうございます」（30代母親、子ども4人）

「お米、おやつ、マスク、ジュースや娘《むすめ》の生理用品などその他いろいろなものが入っていてたいへん助かりました!! 娘《むすめ》の生理用品など男ひとりで買いに行くのは抵抗《ていこう》があり、買いに行くときは娘《むすめ》と行っていたので……。おやつは小学1年生の子がよろこんでいます！　お米も消費量《しょうひ》が多いのですごく助かります！」

（50代父親、子ども3人）

「子どもはお菓子《かし》をよろこびました。わたしはマスクが入っていたのがとてもありがたかったです。いま、自立のために看護《かんご》学校で学んでいます。自治体のひとり親家庭への支援《しえん》は、ここ1、2年の年収《ねんしゅう》が基準《きじゅん》となるため、現在《げんざい》は対象《たいしょう》とならずなかなかたいへんです。おてらおやつクラブは『いま』を見てくれるので助かります。自治体では、さげすんだような対応《たいおう》をする職員《しょくいん》の方もいて、申請《しんせい》に行くのが精神《せいしん》的に負担《ふたん》です。ネット上で助けてくださる人とつながれたことはうれしいです」

（30代母親、子ども1人）

「ふだんは母子家庭であることの後ろめたさから、フードバンクのイベントや相談会には行きづらく、人に頼《たよ》ることをさけていました。おてらおやつク

さんおくっていただきありがとうござい
ました。
好きなおかしが入っていたので
うれしかったです。
お母さんがあまりおかしを買ってくれない
のでうれしかったです。
この度はたくさんの贈り物を
頂きまして、まことにありがとうござい
ます。
育ちざかりの息子がおりますので、
お米はとても助かります。
現在コロナにあって、たくさん
の行事の中止や延期の中で、
不安やストレスを抱えながら、日々
一生懸命生きております。
この度は、沢山のお菓子を送っていただき
ありがとうございました。
コロナ禍で家にいる時間も長く、
悪天候等での野菜や食品の値上げで
果物やお菓子を我慢させることが
かったので、送っていただいた箱を
子どもの嬉しそうな顔を久しぶ
ことができました。
本当にありがとうござい

おくりものありがとうございました。
おくり物をありがとうご
ざいました。
拝啓
残暑の候、

おてらおやつクラブ 事務局
この度、食糧品、お菓子、化粧品
数々の「おすそわけ」を頂き
本当にありがとうございました。
言葉ではなかなか上手く伝えられない
程、感謝の気持ちでいっぱいです。
子供だけは不自由なく、食事をさせたい
と思い、恥ずかしい事ですが、私自身
毎日食事を制限し、食費を少なくして
おりました。
子供も色々と気を遣ってくれ、中学、高校
本当に有難うご
令和四年一月

THANK YOU
前略
朝晩は虫の声も聞こえて涼しく
が、お変わりありませんか？
いつも、いつも 御支援ありがとう
ございます。食事に精一杯で お菓子
果物はめったに買いに行けないので 喜々
子どもも よろこんでいました。
ありがとうございます
おてらおやつク
たくさんのおかしを
ありがとうございます。
みんなで食べました。
おいしかったです。
みなさんもあついですが
がんばってください

ラブは人目にさらされないし、郵送《ゆうそう》いただけるということでお願いすることにしました。おやつまで食費《しょくひ》がまわらず、子どもにはがまんさせてばかりでしたので、おやつが入っていてとてもよろこんでいました。助けてくださる方がいると感じられてとてもうれしかったです」（30代母親、子ども2人）

「顔の見えない支援《しえん》」だからできること

おてらおやつクラブでは個人情報《こじんじょうほう》を保護《ほご》するために匿名《とくめい》配送を導入《どうにゅう》したのですが、LINEやメールなどで人目につかずに自分たちの抱《かか》える困《こま》りごとを相談でき、名前を明かさずに食料支援《しえん》を受けられることを、ひとり親世帯の父母たちは、ことのほかよろこんでくれました。

家にお金がないことをまわりの人たちに知られたくない人たちも、おてらおやつクラブなら顔を合わせることなく、かんたんにネットで支援《しえん》を申しこめます。

そこには顔の見えない支援《しえん》だからこそのよさがあるのです。

いまは人とつながることがむずかしい時代です。ＳＮＳなどネット上のコミュニケーション手段《しゅだん》が発達しすぎて、逆《ぎゃく》につながることのできない人たちがたくさんいるように思います。

おてらおやつクラブの仕組みは、いつのまにかそんなつながることのできないひとり親たちのよりどころになっていたのです。

おてらおやつクラブとつながった人たちがもつ、「会ったことはないけれど、どこかでだれかが自分たちのことを見守ってくれている」という安心感は、仏《ほとけ》さまにお祈《いの》りをしたときの気持ちに似《に》ているかもしれません。

貧困《ひんこん》問題には、経済《けいざい》的な問題のほかに、困《こま》りごとを相談できる人がいないという孤立《こりつ》の問題があります。見守ってくれる人がいるという安心感をもってもらうことで、ひとり親たちを孤立《こりつ》させないことは、とてもたいせつなことなのです。

「もうずっと匿名《とくめい》でもいいとさえ思うんです。（ひとり親家庭の親子に）会ったことはないけれど自分のことを気にかけてくれる人がいる実感をもってもらえるのであれば。おたがいに相手を知らない匿名《とくめい》の関係が『共助』の理想形なのかもしれないとさえ思っているんです」

松島さんはそう言って、活動のこれからをみすえています。

おてらおやつクラブは、コロナ禍《か》が終わったいまも、希望するひとり親家庭に匿名《とくめい》配送をつづけています。

おこづかいでお米を届《とど》けてくれた小学生

コロナ禍《か》では、活動の資金《しきん》が不足するという危機《きき》もありました。おすそわけのための段《だん》ボールやガムテープなどの梱包資材《こんぽうしざい》を用意するにも、宅《たく》配便《はいびん》の配送にもお金はかかります。

また、組織《そしき》が大きくなると、なにかとお金がかかるようになります。おてらおやつクラブの場合、活動を維持《いじ》するために必要な予算は年間4000万円ほどかかります。

資金《しきん》がなくなってしまえば支援《しえん》をつづけることもできません。

そこで、しかたなく段《だん》ボール箱のサイズを小さなものに変更《へんこう》し、いちどに送る食品の量も少なくして、配送料を節約することにしました。

同じ家庭におすそわけを何度も繰《く》り返し送るということも、よほどのことがないかぎりあきらめざるをえなくなりました。そのかわり、夏休みや冬休みに希望者を募《つの》っておすそわけをすることにしました。

それではまったく足りないという家庭のためには、近くにある支援団体《しえんだんたい》や社会福祉《ふくし》協議会などの情報《じょうほう》を書いた紙を荷物に入れ、支援《しえん》してくれるところへの橋渡《はしわた》しをおこなうように心がけました。

ただ、それでも資金《しきん》不足は解消《かいしょう》されません。そこでおてらおやつクラブは自分たちのホームページで「少しでいいので、みなさんの力を貸《か》してほしい」と食べものや発送料の寄付《きふ》を呼《よ》びかけました。

すると、「ふるさと納税《のうぜい》」の返礼品としてもらった食料を送ってくれた人や、自分のおこづかいでお米を買って届《とど》けてくれた小学生、新型《しんがた》コロナウイルス感染症《かんせんしょう》の特別定額《ていがく》給付金の10万円をそっくりそのまま寄付《きふ》してくれた人もいました。

「助けて」の声が増《ふ》えた一方で、「助けたい」という声が増《ふ》えたのもコロナ禍《か》の一面ではないでしょうか。

おてらおやつクラブでも、活動を支援《しえん》している人たちが逆《ぎゃく》に「支援《しえん》させてくれてありがとう」と言ってくれるのです。みんな自分にできることがあるということ、役割《やくわり》があるということがうれしいと言ってくれるのです。

「支援《しえん》させてくれてありがとう」というのはふしぎな言葉です。

はじめて経験《けいけん》するコロナ禍《か》で、旅行や会食、遠方の家族に会うことさえ規制《きせい》され、マスク着用を指示《しじ》され、だれもが大きなストレスや不安を感じていたはずです。

でも、だれもがたいへんな状況《じょうきょう》にあるからこそ、もっと困《こま》っているだれかの助けになりたいと行動を起こす人がいました。

その人たちが口ぐちに「自分にも役に立てることがあることがうれしい」と言うのです。

おてらおやつクラブの活動は、お寺の「ある」と社会の「ない」を「つなぐ」ことです。けれど、それだけではなく、世の中の「助けて」という声と「助けたい」という声を「つなぐ」こともしていたのです。

それは、おてらおやつクラブの合言葉「たよってうれしい、たよられてうれしい。」そのものでした。

外食の機会をおすそわけ

おてらおやつクラブは、奈良県の田原本町《たわらもとちょう》と天理市と提携《ていけい》して定期的にふるさと納税型《のうぜいがた》クラウドファンディングをおこなっています。

ふるさと納税型《のうぜいがた》クラウドファンディングというのは、自治体の抱《かか》える問題を解《かい》決《けつ》するために、寄付金《きふきん》の使い道を具体的に示《しめ》し、共感してくれた人から寄付《きふ》を募《つの》る仕組みです。

2022年に田原本町《たわらもとちょう》では全国の85名から計およそ242万円、天理市では全国の185名から約837万円の支援《しえん》がありました。これらの寄付金《きふきん》は、おてらおやつクラブの配送料をはじめとする活動費《かつどうひ》として活用されます。

また、おてらおやつクラブが天理市や田原本町《たわらもとちょう》と新しくはじめた取り組みに、寄付金《きふきん》の一部を天理市の天理駅前にある「パークサイドキッチン」、田原本町《たわらもとちょう》の「からこカフェ」で飲食できるクーポン券《けん》にあて、奈良県内のひとり親家庭に外食機会をおすそわけする活動をはじめました。

事務局《じむきょく》には、クーポン券《けん》を利用した家庭から、こんなよろこびの声が届《とど》いています。

「ランチボックスをいただきましたが、子どもは自分の好きなものを詰《つ》めれるランチボックスに大よろこび。たくさん詰《つ》められておなかもいっぱいになりました。外食はあまりしないのでうれしかったです」

「おいしかったです。奈良市から少し遠いのですが小旅行気分で楽しみながら行きました。お店の方も優《やさ》しくて、子どもも喜《よろこ》んでいました。本当にありがとうございました^^」

「外食のおすそわけありがたく頂《いただ》きました。このような機会がなければ出《で》掛《か》けなかったと思います。行くまでの道中の会話もはずみ楽しい休日になりました。反抗期《はんこうき》で喧嘩《けんか》ばかりの娘《むすめ》が笑顔で『また行こうね』と言っていました」

サンタさんよりお坊《ぼう》さん

おてらおやつクラブの活動は２０１４年にはじまり、今年（２０２４年）で10年がたちます。

登録しているお寺の数は２０００カ寺を超《こ》えました（２０２４年5月現在《げんざい》）。

最近では、以前「おすそわけ」をもらっていたひとり親家庭のお母さんや子どもが発送ボランティアに来てくれるようになりました。

理事会でお弁当《べんとう》の仕出しを頼《たの》んだところ、配達に来た女性《じょせい》がお寺の門前の「おてらおやつクラブ」と書かれたのぼりを見て、「じつはわたしもおすそわけをいただいていたんです」と打ちあけてくれることもあったそうです。

また、日本全国でおてらおやつクラブの活動報告《ほうこく》をする巡回展《じゅんかいてん》をしていたところ、会場の掃除《そうじ》をしていた女性《じょせい》がパネルに見入っていました。声をかけてみると、「じつはわたしもおすそわけを受け取っていました」と教えてくれたこともあったといいます。

以前おやつのおすそわけを食べていた子どもが大人になって、そうとは知らずにふしぎな縁《えん》からおてらおやつクラブのスタッフになっていた、ということもありました。

10年活動をつづけてきたことで、おたがいに顔も名前も知らずにある一時期、おてらおやつクラブの仲間としてつながっていたお坊《ぼう》さんとひとり親家庭の親子がまた出会い直す、そんな奇跡《きせき》のようなことが起こりはじめているのです。

事務局《じむきょく》にはこんなお礼の声も届《とど》いています。

「たくさんのお菓子《かし》をありがとうございました。おてらおやつクラブの支援《しえん》をいただくようになってからは、わが家ではサンタさんよりお坊《ぼう》さんの方が楽しみな存在《そんざい》になっています」

こんなお礼の言葉をかけてもらったお坊《ぼう》さんたちはどんなにうれしかったことでしょう。お坊さんにとってきっと最高のほめ言葉です。

エピローグ

この本のはじめに、おてらおやつクラブのボランティアの人たちが箱につめていたのは、いったいなんだったのだろうと書きました。

ていねいに、ていねいに、まるで赤ちゃんをあやすような手つきで箱につめられていたのは、スーパーやコンビニで買えるありきたりのおやつにちがいありません。

でも、わたしには、そのとき箱につめられていたのは、単なるモノではないような気がしたのです。

もっとたいせつな、なにか……。

それがなんだったのか知りたくて、この本を書いた気がします。

小学生のころのわたしには、届《とど》くのをいつも心待ちにしていた箱がありました。それは、いとこのお姉さんの家から送られてくる箱でした。箱には、おさがりの洋服や本がいっぱいつまっていました。

おさなかったわたしにとってその箱は、まるで昔ばなしに出てくる玉手箱のように思えたのです。毎回箱が届《とど》くと、今度はどんな洋服や本が入っているかなと、胸《むね》が高鳴ったものです。

そのとき、わたしが受け取っていたのは、単なるモノではなかったように思います。そうでなければ、おさがりの箱をあれほど心待ちにしたり、箱をあけるときに、魔法《まほう》にかかったようにどきどきしたりしなかったはずです。

ひとり暮《ぐ》らしをはじめたころ、わたしが心待ちにしていたのは、遠く離《はな》れて暮《く》らす母から送られてくる、食べものや日用品のつまった箱でした。こまごましたものがいっぱいつめられた箱を受け取ると、なんだか母がそこにいるようなあたたかな気持ちになったことをおぼえています。

お金がなくて、白いごはんに、箱に入っていたきな粉《こ》をかけて食べたことがあります。貧《まず》しい食事にはちがいないのですが、それは母がわたしのために送ってくれたきな粉《こ》なのです。それがどれほどおいしく感じられたことか……。

そのきな粉《こ》は、スーパーに売られているありきたりのものでしたが、そのときのわたしにとっては単なるモノではなかったのです。

おてらおやつクラブのボランティアの人たちは、会ったこともなければ、おそらくこれからも会うことのない、名前すら知らないだれかのためにおやつを箱につめていました。それはきっと受けとった人にとって、ただのおやつではなく、かけがえのない「なにか」になるのではないのでしょうか。

そのことは、ひとり親家庭から届《とど》いた声からもわかります。

「先ほど受けとってふたを開けたとたん、うれしさと安堵《あんど》で泣きそうでした。おやつは食べることの楽しさやよろこびを与《あた》えてくれ、ストレス発散にもなります。食べものをとおして、あたたかいなにか別のものをいただいたような気がします」

（40代母親、子ども2人）

「娘《むすめ》の生理がはじまりました。娘《むすめ》の成長をよろこんであげるべきなのに、わたしがまっさきに考えたのは、これからは娘《むすめ》の衛生《えいせい》用品のぶんもお金がかかるということでした。今日届《とど》いた『おすそわけ』の中に衛生《えいせい》用品が入っていて、思わず泣いてしまいました。

がんばっていたら応援《おうえん》してくれる人がいるんだと思いました。」

（50代母親、子ども1人）

「子どもたちになにかを買ってあげたいと思っても、ためらってしまって買えなかったり、自分のものはがまんしてばかり。だれにも相談できず、胸《むね》の中にしまいこみ、ふだんは意識《いしき》しないようにしていますが、ふとしたときに孤独《こどく》におそわれることがあります。

いっしょに入れていただいたお手紙に心があたたまりました。手をさしのべてくださる人がいることに、経済《けいざい》面だけではなく、なによりも心が救《すく》われました」

（30代母親、子ども2人）


「箱をあけた瞬間《しゅんかん》、気のせいかもしれませんが、なんとなくお線香の香りがしたような気がして、心にジーンときました。うれしい、ありがたい気持ちでいっぱいです。たいせつに娘《むすめ》といただきます」

（50代母親、子ども1人）


箱に入っているのは、やっぱり単なるモノではないのです。

それはだれかが心をこめた、祈《いの》りにも似《に》た「なにか」なのです。

［おもな参考資料］

子ども食堂応援企画ホームページ（厚生労働省）
https://www.mhlw.go.jp/stf/houdou_kouhou/kouhou_shuppan/magazine/202010_00002.html

認定ＮＰＯ法人全国こども食堂支援センター・むすびえ
https://musubie.org/faq/

スティグマについて（国立精神・神経医療センター　精神保健研究所　地域精神保健・法制度研究部）
https://www.ncnp.go.jp/nimh/chiiki/about/stigma.html

スティグマ　偏見恐れ「助けて」言えず　希望って何ですか　貧困の中の子ども（下野新聞、2014/6/10）
https://www.shimotsuke.co.jp/articles/-/5762

Relative poverty vs. Absolute poverty（endPoverty）
https://endpoverty.org/relative-poverty-vs-absolute-poverty/

世界貧困ラインとは（SDGswiki）
https://sdgsit.com/wiki/nopoverty/1-1

Food Security UPDATE（THE WORLD BANK）
https://thedocs.worldbank.org/en/doc/40ebbf38f5a6b68bfc11e5273e1405d4-0090012022/related/Food-Security-Update-XC-July-27-2023.pdf

The International Poverty Line（THE WORLD BANK）
https://www.worldbank.org/en/programs/icp/brief/poverty-line

World Bank Forecasts Global Poverty to Fall Below 10% for First Time; Major Hurdles Remain in Goal to End Poverty by 2030（THE WORLD BANK）
https://www.worldbank.org/en/news/press-release/2015/10/04/world-bank-forecasts-global-poverty-to-fall-below-10-for-first-time-major-hurdles-remain-in-goal-to-end-poverty-by-2030

相対的貧困とは?（朝日新聞SDGs ACTION!）
https://www.asahi.com/sdgs/article/14844785

ひとり親家族支援政策の国際比較（船橋惠子、湯澤直美、魚住明代、相馬直子　大原社会問題研究所雑誌　No.746　2020/12）

相対的貧困率　日本、米英より格差大きく（日本経済新聞　2023/11/19）
https://www.nikkei.com/article/DGKKZO76248630Y3A111C2EA2000/

『女性たちの貧困　〝新たな連鎖〟の衝撃』（ＮＨＫ「女性の貧困」取材班、幻冬舎）
デンマークの貧困・格差　統計データ（ＧＬＯＢＡＬ ＮＯＴＥ）
https://www.globalnote.jp/post-2472.html?cat_no=604
待機児童はゼロ、学費も医療費も無料。なぜデンマークは子どもの貧困率が低いのか？その驚きの政策たち（籏智広太　BuzzFeed News 2017/1/2）
https://www.buzzfeed.com/jp/kotahatachi/denmark-japan
『格差と貧困のないデンマーク　世界一幸福な国の人づくり』（千葉忠夫、ＰＨＰ新書）
ＮＨＫ新型コロナウイルス関連記事全記録（ＮＨＫ）
https://www3.nhk.or.jp/news/special/coronavirus/chronology/?mode=all&target=202001

謝辞

フードバンクで広報を担当していた2014年1月。仲間が教えてくれたのがおてらおやつクラブでした。その活動に感銘を受け、講演で紹介するようになりました。2015年、安養寺に電話すると代表の松島靖朗さんが出て「イデルミさんですね」。私のことを誰かから聞いていたのです。その後、松島さんから「おてらおやつクラブの監事に」と頼まれ、2022年には本の執筆を依頼されました。

2014年から10年経った今、この本が出版できるのをうれしく思います。

本を書くにあたっては多くの方に大変お世話になりました。旬報社の熊谷満さん、安養寺のみなさま、おてらおやつクラブの理事・職員のみなさま、同代表の松島靖朗さん、同理事の野田芳樹さん、同事務局の大橋伸弘さん、同広報の深堀麻菜香さん・二本松一将さん・大槻優希さん、取材を快く受け入れてくださった賛同寺院・協力企業・ボランティアのみなさま、おやつを受け取ってくださったみなさま、声をよせてくださったみなさまに深く感謝申し上げます。

なお、本の印税の一部は、おてらおやつクラブの活動に寄付させていただきます。

［著者紹介］

井出留美（いで・るみ）

office3.11代表。奈良女子大学食物学科卒、博士（栄養学／女子栄養大学大学院）、修士（農学／東京大学大学院農学生命科学研究科）。ライオン、JICA海外協力隊を経て日本ケロッグ広報室長等を歴任。東日本大震災（2011年3月11日）での支援物資の廃棄に衝撃を受け、自身の誕生日でもある3・11を冠した（株）office3.11設立。食品ロス問題の専門家としての活動をスタートさせ、食品ロス削減推進法の成立にも協力。政府・企業・国際機関・研究機関のリーダーによる食品ロス削減を目指す世界的連合「Champions12.3」メンバー。著書『捨てられる食べものたち』『食べものが足りない！』（旬報社）『賞味期限のウソ』（幻冬舎）『あるものでまかなう生活』（日本経済新聞出版）『食料危機』（PHP新書）『捨てないパン屋の挑戦』（あかね書房）『SDGs時代の食べ方　世界が飢えるのはなぜ？』（筑摩書房）他多数。第2回食生活ジャーナリスト大賞食文化部門／Yahoo!ニュース個人オーサーアワード2018受賞。食品ロス削減推進大賞消費者庁長官賞受賞。

おてらおやつクラブ物語――子どもの貧困のない社会をめざして

二〇二四年一〇月三〇日初版第一刷発行

著者……井出留美
ブックデザイン……宮脇宗平
イラスト……上村恭子
編集担当……熊谷　満
発行者……木内洋育
発行所……株式会社旬報社
〒一六二―〇〇四一　東京都新宿区早稲田鶴巻町五四四　中川ビル４F
TEL 03-5579-8973　FAX 03-5579-8975
ホームページ　https://www.junposha.com/
印刷・製本……中央精版印刷株式会社

ISBN978-4-8451-1954-7